Jörg Zink · Wie wir beten können

Jörg Zink
Wie wir beten können

Kreuz Verlag

Überarbeitete Fassung des gleichnamigen Titels,
der zum ersten Mal 1970 im Kreuz Verlag erschienen ist
und bis 1989 vierzehn Auflagen erlebte.

Die Deutsche Bibliothek – CIP-Einheitsaufnahme

Zink, Jörg:
Wie wir beten können / Jörg Zink. – Überarb. Fassung, 1. Aufl., (1.–15.Tsd.). –
Stuttgart : Kreuz Verl., 1991
 ISBN 3-7831-1108-0

© Kreuz Verlag Stuttgart 1991
1. Auflage (1.–15.Tausend) 1991
Gestaltung: Hans Hug
Satz: Steffen Hahn, Kornwestheim
Druck und Bindung: Mohndruck, Graphische Betriebe GmbH, Gütersloh
ISBN 3 7831 1108 0

Inhalt

1. **Sich einfinden** 13
   Sammlung 14
   Wahrnehmung 22
   Begegnung 30

2. **Die Welt sehen** 43
   Höhe und Tiefe 44
   Tatsachen 52
   Schicksale 62

3. **Die Stunde wissen** 71
   Den Rhythmus entdecken 72
   Gegenwärtig sein 92
   Im Dunklen wachen 110

4. **Tun, was Gott tut** 121
   Den Kreuzweg mitgehen 122
   Freiheit atmen 144
   Das Neue schaffen 152

5. **Wollen, was Gott will** 161
   Dem Weg gehorchen 162
   Trotz allem glauben 174
   Der Geist der Freiheit 188

6. **Zu Hause sein** 197
   Heimkehr 198
   Geborgenheit 208
   Vertrauen 218

7. **Rühmen** 227
   Anbetung 228
   Das Lob aller Dinge 232
   Sich in Gott freuen 234

Namenregister 247
Nachweis der Quellen 249

Einer glaubt es dem anderen, und am Ende hält man es für erwiesen: Der moderne Mensch ist vernünftig geworden. Er glaubt nicht mehr. Das irdische Glück und die irdische Leistung sind ihm genug. Und so bedarf er auch keines Gebets mehr und keines Gottes, der zu ihm spricht und ihm zuhört.

Ich gestehe, daß ich an manches nicht glaube, das heute festzustehen scheint. Ich glaube zum Beispiel nicht an die religionslose Zeit, der wir nach verbreiteter Auffassung entgegengehen, und auch nicht an den religionslosen Menschen von heute oder morgen, den uns eine furchtsame Theologie an die Innenwände unserer Kirchen malt.

Das Bild, das die Menschen heute nach außen darbieten, täuscht. Es ist viel mehr Sehnsucht nach Glauben unter uns, als die Meinungsforschung den abwehrenden Auskünften obenhin befragter Leute entnimmt, viel mehr leidenschaftliche Suche nach praktischer Frömmigkeit, viel mehr einsame Bemühung um das Gebet.

Gewiß, die Bemühung um den Glauben verzehrt heute mehr Kraft als früher und endet rascher in der Resignation. Aber das hat nicht den Grund, daß es schwieriger wäre zu glauben, sondern den, daß es mühsamer ist, über den Glauben zu sprechen. Das eigentliche Elend auf dem Felde des Glaubens und der Frömmigkeit besteht darin, daß der einzelne seine Sache mit Gott mehr und mehr für sich selbst abmacht in der Sorge, er müsse diesen persönlichsten Bezirk gegen den Einblick anderer Menschen oder den Zugriff von Autoritäten abschirmen. Neu ist nicht, daß der Glaube gefährdet ist. Er war auch früher nicht gesichert. Neu ist, daß der einzelne in seiner Bemühung vereinsamt und, da der andere neben ihm mit seinen Versuchen und Erfahrungen ebenso scheu verfährt, sich insgesamt das Bild einer verödenden religiösen Landschaft ergibt.

Man sollte darum nicht meinen, man hätte den christlichen Glauben heute einem abnehmenden religiösen Interesse anzupassen. Wenn von Glauben die Rede sein soll, müssen wir den Glauben wagen und nicht weniger. Wenn wir uns selbst gewinnen wollen, müssen wir unser ganzes Vertrauen einsetzen. Wenn wir einander aus unserer einsamen Mühsal um den Glauben und das Gebet nicht befreien wollen, müssen wir von beidem deutlich reden. Durch ängstliche Zurückhaltung geschieht nichts Erlösendes, und mit Ermäßigungen ist dem Geist dieser Zeit keine Zustimmung abzugewinnen. Freilich werden wir in unseren eigenen Worten reden müssen, denn wir retten keine Kirche dadurch, daß wir überlieferte Worte so wiederholen, als liege im bloßen Festhalten und Wiederholen von Bekenntnissen oder Kirchengebeten der Beweis des Geistes und der Kraft.

Es geht um „Frömmigkeit". Wir sollten dieses Wort von aller sentimentalen Verfälschung befreien und dann wieder gebrauchen. Frömmigkeit besteht darin, daß das praktische, tägliche Leben von einem Glauben durchformt wird und von ihm seine Freiheit empfängt. Sie hat mit allem zu tun, das uns angeht. Sie unterscheidet nicht zwischen weltlich und geistlich. Sie hat mit dem zu tun, was in den vier Wänden unseres eigenen Gewissens geschieht, ebenso wie mit dem, was sich vor unserer Tür oder am anderen Ende der Welt abspielt. Christlicher Glaube muß sich an seiner Reichweite und Unteilbarkeit prüfen lassen, und ein Gebet, das in unserem Munde Sinn hat, daran, ob es ein Ausdruck dieses Glaubens ist.

Es ist nicht neu, daß man beim Versuch zu beten die Worte nicht findet. „Wir wissen nicht", schreibt Paulus, „wie wir beten sollen, wenn es wirklich im Sinne Gottes geschehen soll. Aber der Geist Gottes tritt selbst für uns ein und bringt in wortlosem Seufzen vor Gott, was wir sagen wollen, und Gott, der in die Herzen hineinsieht, weiß, was der Geist, der Anwalt der Betenden, an ihrer Stelle vorbringt."

Neu ist vielleicht, daß wir heutigen Menschen einige Übung nötig haben, um überhaupt die Anfänge des Betens zu erlernen. Ehe wir an hintergründige Glaubensprobleme geraten, werden wir beim Versuch zu beten mit ganz vordergründigen Schwierigkeiten zu tun haben. Wir werden merken, wieviel Mühe es kostet, auch nur drei Minuten lang bei einer Sache zu bleiben, ohne an zehn andere Dinge zu denken, also ganz einfach: die Gedanken zu beherrschen oder ein Wort zu hören, sich einzuprägen und nachzusprechen. Wir werden merken, daß wir für andere Menschen nur dann beten können, wenn wir an ihren Schicksalen teilnehmen oder fähig sind, ohne Vorurteile zu sehen, was um uns her vorgeht.

Auf der anderen Seite werden wir bemerken, daß das Gebet bei uns fast nur noch in einem Reden besteht. Aber das Gebet ist mehr noch ein Hören. Beten kann heißen, einfach nur vor Gott „da" zu sein oder vor Gott in aller Sachlichkeit einer Arbeit nachzugehen. Und was es heißt, nicht nur mit dem Mund, sondern mit dem ganzen Menschen zu beten, etwa auch mit den Füßen, das könnten wir am Kreuzweg Christi, diesem ersten und wichtigsten Gebetsweg der Christen, einmal wieder versuchen.

Dieses Buch bietet einen Weg an, den der Leser mitgehen kann, wenn er will. Jede Doppelseite hat ihr eigenes Thema und jede setzt den Gedanken der vorigen fort. Der Leser mag auch da und dort blättern, wenn er nach einem bestimmten Wort sucht, das ihm für den Augenblick wichtig ist. Aber er gewinnt mehr, wenn er den ganzen Weg mitgeht. Einen Schritt vor den anderen zu setzen wird dem nicht zu viel sein, der weiß, daß er im Gebet alles wagt, um alles zu gewinnen.

Ewiger,
heiliger,
geheimnisreicher Gott.

Ich komme zu dir.
Ich möchte dich hören,
dir antworten.

Vertrauen möchte ich dir
und dich lieben,
dich und alle deine Geschöpfe.

Dir in die Hände
lege ich Sorge,
Zweifel und Angst.

Ich bringe keinen Glauben
und habe keinen Frieden.
Nimm mich auf.

Sei bei mir,
damit ich bei dir bin,
Tag um Tag.

Führe mich,
damit ich dich finde
und deine Barmherzigkeit.

Dir will ich gehören,
dir will ich danken,
dich will ich rühmen.

Herr, mein Gott.

Sich einfinden

Sammlung

Seit einigen Jahren verbringe ich meinen Urlaub in einer Hütte unmittelbar am Meer. Das Wetter ist dort sehr gleichmäßig. In der Morgenfrühe fast jeden Tages weht ein kaum spürbarer Wind vom Land aufs Meer hinaus, und das Wasser liegt glatt und still. Dann hinausfahren. Eine Stunde lang Abstand nehmen, sechs oder sieben Kilometer weit, und das Paddel ins Boot legen.

In diesen Morgenstunden ist nichts zu hören als das leise Glucksen kleiner Wellen an der Bootshaut. Einmal ein Vogel. Einmal ein springender Fisch. Irgendwo in der Ferne das Getucker eines Fischerboots. Sonst nichts. Es ist nichts zu sehen als ein blaßblauer Himmel mit wenigen grauweißen Streifenwolken, ein dunkles, gewelltes Band, die Küste, und das Wasser.

In eine solche Stille eine halbe Stunde lang hineinhorchen kann mehr bedeuten und bewirken als eine Woche der Erholung. Nichts tun als den Raum empfinden, mit den Vögeln ziehen, den Fischen nachsehen und ein Wesen sein wie sie.

Später wird man sich erinnern, wenn der Beruf und die Eile wiederkehren. Man schließt – mitten in der Arbeit – die Augen und hört das leise Gurgeln an der Bootshaut. Und man weiß wieder: Man kann nur schweigen, solange man hört. Wo das Hören endet, beginnt der Lärm von außen oder von innen. Eins mit den Menschen und mit der Welt ist nur, wer hört.

Schweigen möchte ich, Gott,
und auf dich warten.

Schweigen möchte ich, damit ich verstehe,
was in deiner Welt geschieht.

Schweigen möchte ich,
damit ich den Dingen nahe bin,
allen deinen Geschöpfen,
und ihre Stimmen höre.

Ich möchte schweigen,
damit ich unter den vielen Stimmen
die deine erkenne.

„Als alle Dinge
in der Mitte des Schweigens standen",
sagt die Bibel,
„da kam vom göttlichen Thron,
o Herr, dein allmächtiges Wort."

Ich möchte schweigen
und darüber staunen,
daß du für mich ein Wort hast.

Gott, ich bin nicht wert,
daß du zu mir kommst,
aber sprich nur ein Wort,
so wird meine Seele gesund.

Hören

Es wird fast ohne Unterbrechung geredet. Man mag es unzeitgemäß finden, daß einer versucht, einen Tag lang oder zu bestimmten Stunden nicht zu sprechen. Wer aber Wert darauf legt, daß sein Wort Sinn hat, wird versuchen, Zeiten des Schweigens einzuhalten. Schweigen wird, wer erreichen will, daß sein Wort trifft, daß es wirkt, daß es klärt. Schweigen heißt nicht notwendig stumm sein, aber es heißt, auf das Gerede verzichten und nur das aussprechen, was man zuvor deutlich „gehört" hat.
Wer sich in die Einsamkeit begibt, trifft dort zunächst nicht Stille, sondern Lärm an: den Lärm, der in ihm selbst ist. Wenn er nun versucht, die vielen Stimmen der Erinnerung, der Angst oder der Abwehr zur Ruhe zu bringen, kann es ihm zustoßen, daß in seinen Gedanken ein Aufruhr losbricht, dessen er nicht mehr Herr wird. Das alte China hatte ein gutes Bild dafür: Die Gedanken sind Affen, die im Baum des Gehirns hin und her springen. Man fasse einen nach dem anderen und werfe ihn auf die Erde, bis der Baum frei ist. Aber mir scheint eben fraglich, ob das gelingen kann, ob nicht die Affen den Baum alsbald von der anderen Seite her wieder besteigen und der Aufruhr größer ist als am Anfang. Wahrscheinlich können wir, was die abendländischen Meister der Meditation das „Leerwerden" nennen, so nicht mehr nachvollziehen. Für uns fängt das Weglegen der Gedanken damit an, daß wir das Gefackel und Geflacker geduldig aushalten, die Gedankenlosigkeit in den vielen Gedanken, die Einfallslosigkeit in den vielen Einfällen, den Lärm der Hölle im Lärm der Gedanken, und daß wir danach versuchen, ein Wort zu hören, das anderswo herkommt. Wir werden das fremde Wort aufnehmen, bis es über das Vielerlei der Gedanken Herr ist, so daß wir am Ende nicht „leer" sind, sondern erfüllt mit dem neuen, fremden Wort.

◆

Das Schweigen ist für das Wort wie ein Netz,
das unter dem Seiltänzer ausgespannt ist.
Max Picard

Vieles, was ich rede, kommt aus meiner Eitelkeit.
Vieles sage ich,
weil ich meine Wichtigkeit überschätze.

Ich möchte aber,
daß mein Urteil barmherzig ist,
meine Entscheidung vorsichtig,
meine Antwort abgewogen.
Ich werde es nur erreichen,
wenn mein Wort aus dem Schweigen kommt.

Ich möchte mit meinem Wort
anderen Menschen gerecht werden.
Ich möchte, daß es sie nicht verletzt,
erniedrigt oder entmutigt.

Ich möchte mit meinem Wort heilen.
Ich möchte reinigen,
möchte Frieden stiften und Kraft geben.
Das kann ich nur, wenn ich nicht alles ausspreche,
das zu sagen naheläge.

Was zu sagen lohnt,
liegt nicht nahe, sondern fern.
Ich möchte schweigen, weil ich Zeit brauche,
um zu warten,
bis mein Wort aus Gottes Ferne herkommt,
bis ich es höre und sagen kann.

◆

Gott,
mein Wort ist nicht genug.
Ich will schweigen, damit ich lerne,
dein und mein Wort zu unterscheiden.
Denn ich möchte dein
und nicht mein eigener Mund sein.
Gib du mir mein Wort.

Anwesend sein vor Gott

Stille kann man nicht herbeiführen, man kann sie aber vorbereiten. Man lernt etwa einen Gebetsvers auswendig, spricht ihn zwei- oder dreimal und läßt ihn sozusagen „im Raum" stehen. Stille entsteht nicht dadurch, daß wir nichts sagen. Sie kann aber übrigbleiben, wenn etwas Mächtigeres als unser eigenes Wort im Raum war und der „Raum" sich noch nicht wieder mit Gedanken und Worten gefüllt hat.
Wir standen in einer alten Kirche und suchten den Abstieg in die Krypta. Gebückt stiegen wir die lange, verwinkelte Treppe hinab wie in einen Schacht. Kühle Luft drang aus der immer tieferen Dunkelheit entgegen. Und dann offenbarte sich uns ein zauberhafter, kreisrunder Raum. Ein doppelter Kranz mannshoher Säulen unter einem rohen Gewölbe stand wie ein Kreis schweigender Menschen um eine fast dunkle Mitte. Wir traten unwillkürlich neben sie und waren, ehe wir darüber nachdachten, ein Teil dieses Raums, der so unerhört schweigt und horcht und wartet. Denn Warten heißt nicht, etwas tun oder sagen. Es heißt sein. Die Verzauberung löste sich nach wenigen Augenblicken. Aber der Raum wartet weiter. Stellvertretend für eine beschäftigte Christenheit. „Ihr sollt", sagt Jesus, „vollkommen sein, wie euer Vater im Himmel vollkommen ist." Das heißt nicht, fehlerfrei sein wie er, sondern: so ganz und gar, wie er Gott ist, so vollständig, so ungeteilt sollt ihr vor ihm gegenwärtig sein, wartend und empfangend.

◆

Ach, es gibt nur ein Problem, ein einziges in der Welt. Wie kann man den Menschen eine geistige Bedeutung, eine geistige Unruhe wiedergeben, etwas auf sie herniedertauen lassen, was einem Gregorianischen Gesang gleicht! Sehen Sie, man kann nicht mehr leben von Eisschränken, von Politik, von Bilanzen und Kreuzworträtseln. Man kann es nicht mehr.

Antoine de Saint-Exupéry. Aus „Brief an einen General"

In dir sein, Gott, das ist alles.

Das ist das Ganze, das Vollkommene, das Heilende.
Die leiblichen Augen schließen,
die Augen des Herzens öffnen
und eintauchen in deine Gegenwart.

Ich hole mich aus aller Zerstreutheit zusammen
und vertraue mich dir an.
Ich lege mich in dich hinein
wie in eine große Hand.

Ich brauche nicht zu reden, damit du mich hörst.
Ich brauche nicht aufzuzählen, was mir fehlt,
ich brauche dich nicht zu erinnern
oder dir zu sagen, was in dieser Welt geschieht
und wozu wir deine Hilfe brauchen.

Ich will nicht den Menschen entfliehen
oder ihnen ausweichen.
Den Lärm und die Unrast will ich nicht hassen.
Ich möchte sie in mein Schweigen aufnehmen
und für dich bereit sein.

Stellvertretend möchte ich schweigen
für die Eiligen, die Zerstreuten, die Lärmenden.
Stellvertretend für alle, die keine Zeit haben.
Mit allen Sinnen und Gedanken warte ich,
bis du da bist.

In dir sein, Gott, das ist alles,
was ich mir erbitte.
Damit habe ich alles erbeten,
was ich brauche für Zeit und Ewigkeit.

Als mein Gebet immer andächtiger und innerlicher wurde, da hatte ich immer weniger und weniger zu sagen. Zuletzt wurde ich ganz still.

Ich wurde, was womöglich noch
ein größerer Gegensatz zum Reden ist,
ich wurde ein Hörer.

Ich meinte erst, Beten sei Reden. Ich lernte aber, daß Beten nicht bloß Schweigen ist, sondern Hören.

So ist es: Beten heißt nicht sich selbst reden hören, beten heißt still werden und still sein und warten, bis der Betende Gott hört.

Sören Kierkegaard

Wahrnehmung

Wenn uns jemand fragt, was denn „das Leben" sei, zeigen wir ihm ein Tier oder ein Kind und sagen: „Das ist das Leben!" Anders als an einem sichtbaren Beispiel läßt es sich nicht erklären. Denn über die Brücke sichtbarer Dinge und Bilder verstehen wir das Unsichtbare. Es gibt keinen anderen Weg. Aber daß dieser Weg offen bleibt, ist eine Lebensfrage für uns heutige Menschen.

Nur das, meinen wir, sei wirklich, was wir mit dem Verstand ordnen, mit Begriffen fassen und dem, was wir schon kennen, einfügen können. Nicht Anbeter dieses technologischen Zeitalters allein denken so, sondern auch Christen. Aber der Verdacht läßt uns ja nicht los, daß wir allesamt etwas aussparen. Wir halten unsere Welt für berechenbar, obwohl wir im Grunde selbst nicht daran glauben. Wir behandeln sie, als wäre sie übersichtlich von einem Ende zum anderen, obwohl wir ihre Abgründigkeit ahnen. Wir verlassen uns darauf, daß wir mit unserem wissenschaftlichen Denken auf festem Boden stehen, während wir gleichzeitig durch die Tiefen der Verzweiflung und der Angst ins Bodenlose fallen. Wir sprechen von unserer Verantwortung für die Welt, obwohl wir ahnen, daß wir allenfalls ein Gekräusel an der Oberfläche beeinflussen können, während die Grundwelle von ganz anderen Kräften bewegt wird. Wir ordnen die Welt nach unserem Maß und verlieren das Augenmaß für die bescheidene Tatsache, daß wir Menschen sind.

Vor Gott „anwesend" zu sein, das fängt auch für uns Christen dieser Zeit immer wieder damit an, daß wir bereit sind, Geheimnisse unangetastet stehen zu lassen, damit sie beginnen können, sich uns zu öffnen.

♦

Wehe,
die Welt ist voll gewaltiger Lichter und Geheimnisse,
und der Mensch verstellt sie sich mit seiner kleinen Hand.

Baalschem

Wir sind gewöhnt, von dir zu reden,
heiliger Gott,
und deinen Namen in den Mund zu nehmen.
Wir machen uns Gedanken über dich,
als hätten wir dich in der Hand,
und leben dabei ohne dich
in unserer selbstgeschaffenen Welt.

Dich selbst möchte ich finden,
nicht die Machwerke meiner Gedanken,
dich, den ich nicht fasse,
nicht begreife, nicht kenne.

Du sagst, in Jesus Christus
könnten wir dir begegnen.
Aber auch ihn schaffen wir ständig nach unserem Bild
und nach unseren Gedanken.
Auch er muß uns fremd werden,
damit wir ihn verstehen
und in ihm dich finden,
den unbekannten, den fremden Gott.

Ich höre ihn sagen: „Selig sind die Armen."
„Wer sein Leben verliert, wird es gewinnen."
Das ist fremd.
Ich weiß, daß ich sein Wort erst erfassen werde,
wenn ich mein ganzes Herz daran wage.

Ich stehe an der Grenze meiner kleinen Welt.
Meine Gedanken schließen mich ein
wie eine Mauer.
Ich möchte ins Freie treten.

Jesus sagt: Folge mir nach.
Diesen Schritt möchte ich tun;
führe mich, damit ich dich finde.

Himmel und Erde

„Und Jesus ließ sich von Johannes im Jordan taufen. Als er aus dem Wasser stieg, sah er, daß der Himmel sich öffnete und der Geist auf ihn herabfuhr wie eine Taube. Und eine Stimme kam vom Himmel: Du bist mein lieber Sohn, an dir habe ich Wohlgefallen."

Markus 1

Jesus steigt in das Wasser des Jordans und übernimmt mit diesem Abstieg in das Element des Todes die Schuld, die Angst und das Sterben der Menschen. Während er das tut, öffnet sich der Himmel. Was ist das – Himmel?

In früheren Epochen sagte man: Hier unten ist der Mensch. Dort oben ist Gott. Oben, wo Gott ist, ist der Himmel. Heute sagen viele: Hier, im Vordergrund, in der Gegenwart, lebt der Mensch. In der Zukunft, in die er hineinschreitet, kommt ihm Gott entgegen. Der Himmel – das ist die Zukunft.

An den Deutungsversuchen liegt nicht viel, aber viel an der Fähigkeit, ins Offene zu schauen. Denn wer überhaupt von Gott redet, muß bereit sein zuzugestehen, daß Gott anders ist, als unsere Gedanken fassen. Vom „Himmel" sprechen, das heißt von der Weise reden, wie Gott ist, er, der Heilige, der Unzugängliche, der „in einem Licht wohnt, in das niemand vordringt", der Fremde, der Übermächtige.

Das heißt aber nicht, daß Gott fern ist. Er ist mitten in den Dingen dieser Erde, um sie her, über ihnen. Himmel ist die Nähe Gottes in dieser Welt: die verborgene, verhüllte, unbegreifliche. Und seit Christus unter dem offenen Himmel im Jordan stand, heißt „den Himmel sehen" für uns: Christus erkennen, der den Durchblick und Zugang zum Vater öffnet.

Wenn wir beten, bedürfen wir des offenen Himmels. Wir reden sonst mit uns selbst.

Heiliger Gott,
ich selbst stehe zwischen dir und deiner Welt,
zwischen dem Himmel und der Erde.

Ich verstelle deinen Himmel
mir selbst und den Menschen,
und die Erde wird gottlos,
die Menschen werden gottverlassen.
Ich möchte aber so zwischen Himmel
und Erde stehen,
daß ich dir Raum gebe:
deinem Licht, deiner Gegenwart.

Du hast zu Jesus Christus
aus dem offenen Himmel gesprochen.
Sprich auch zu mir.
Hilf mir, daß ich deinem Geist Raum lasse,
der aus dem offenen Himmel kommt.

Gott, der du der Schöpfer bist
aller Geschöpfe,
den die Erde nicht faßt
und der Himmel nicht umschließt,
ich möchte dir den Weg freigeben
zu meinem Herzen,
damit Himmel und Erde,
wo ich bin, sich verbinden,
wie sie in Christus verbunden sind.

Vater, du bist im Himmel.
Du bist also bei mir,
du behütest mich,
du denkst an mich und begleitest mich
auf allen Wegen, die ich auf dieser Erde,
deiner Erde, gehe.

Gottes Angesicht

„Der Herr segne dich und behüte dich.
Der Herr lasse sein Angesicht leuchten über dir
und sei dir gnädig.
Der Herr erhebe sein Angesicht auf dich
und gebe dir Frieden."

So drückt der sogenannte aaronitische Segen des Alten Testaments den Wunsch aus, Gott möge sich uns zuwenden, sich um uns kümmern, uns schützen und uns bejahen. Das „Angesicht" ist ein Bild. Wenn ich einem Menschen begegne, habe ich sein „Gesicht" vor mir. So nehme ich ihn wahr. So erkenne ich ihn, so kann ich ihn ansprechen und unter Umständen mit ihm vertraut werden. In seinem Angesicht drückt sich aus, ob er mich liebt oder haßt oder ob ich ihm gleichgültig bin, ob er sich mir zuwenden oder sich mir verschließen will.
Gott hat ein „Angesicht", das bedeutet: Er ist nicht ein namenloses Schicksal, nicht der Zufall, nicht ein Naturgesetz oder ein unbegreiflicher Weltgeist. Er kennt uns, er spricht zu uns, er sieht und hört uns, und wir können uns ihm anvertrauen. Er ist das, was wir eine „Person" nennen, und wir scheuen uns nicht, dieses menschliche Wort auf ihn anzuwenden, weil wir auf keine bessere Weise von seinem Geheimnis sprechen können.
Denn allen Bildern, die wir gebrauchen, wenn wir von Gott sprechen, ist gemeinsam, daß sie an uns Menschen abgenommen sind. Gott sieht uns, so sprechen wir von seinen Augen. Er schützt uns, so sprechen wir von seinen Armen oder Händen. Er hat die Macht, so sagen wir, er sitze auf einem „Thron". Er ist ferne und unzugänglich und doch ganz nahe, so sprechen wir vom „Himmel". Geheimnisse bedürfen der Bilder, anders werden wir Menschen sie nicht deuten. Bilder sind nicht „richtig" wie ein Protokoll oder das Einmaleins, aber sie können wahr sein. Sie sprechen eine Wahrheit aus. Sie zeigen den, der die Wahrheit ist.
So sagt Christus: Ich bin die Wahrheit, und er sagt damit nichts anderes als mit seinem Wort: „Wer mich sieht, sieht den Vater." Wer mich sieht, nimmt – an meinem Gesicht – den Vater wahr.

Ich glaube, Vater im Himmel,
daß du nahe bei mir bist.
Du kennst mich und sprichst zu mir.
Ich glaube, daß du mir zugewandt bist
mit deinem Angesicht.

Dir muß ich mich zuwenden,
wenn ich mich selbst finden will.
Denn ich bin nur,
was ich in deinen Augen bin.
Ich kenne das Geheimnis nicht,
das in mir ist,
bis du es offenbarst
im Schein deines Angesichts.

Alles spiegelt sich in dir.
Was in dieser Welt wahr ist,
ist es, weil du die Wahrheit bist.
Was in dieser Welt Leben hat,
lebt, weil du das Leben bist.
Was in dieser Welt schön ist,
ist es durch dich, ewige Schönheit.
Wenn ich glücklich bin,
dann, weil du ja sagst zu mir.

Und wenn alles dunkel und leer ist,
wenn ich mein Schicksal nicht verstehe,
dann glaube ich, daß dein Angesicht
mich ansieht mitten aus der Dunkelheit.
Hilf mir, dich zu lieben,
wo immer mir dein Angesicht nahe ist.

Das Gesicht des Liebenden leuchtet
im Gesicht des Geliebten.
Laß dein Angesicht leuchten über mir
und laß dein Licht ausstrahlen
von meinem Angesicht.

Gott ist nicht im Unsichtbaren
und nicht im Sichtbaren,
sondern in der Wirkung
des Unsichtbaren auf das Sichtbare,
woraus Form, Tat oder Wort entsteht.

Ricarda Huch

Begegnung

Die Bibel vergleicht den Menschen immer wieder mit einem Baum. Sie ist damit nicht allein. Die alten Religionen unseres Kulturkreises haben es alle mit Bäumen zu tun: mit Götterbäumen, Seelenbäumen, Schicksalsbäumen, mit der Weltesche, mit dem Baum der Erkenntnis oder dem Baum des Lebens. Seit Urzeiten hat der Mensch den Baum als verwandt empfunden.

Man bleibe auf Spaziergängen gelegentlich stehen, wo ein einzelner Baum sich aus seiner Umgebung heraushebt, und betrachte ihn. Wir sind nicht dieser Baum und sollen uns das auch nicht einreden oder einmeditieren. Wir sollen uns nicht mit dem Baum identifizieren, sondern ihm begegnen. Wir begegnen ihm dadurch, daß wir ihn so lange genau ansehen, bis wir seine Linien nachzeichnen könnten. Kein Baum ist wie der andere, keiner drückt im Gegenüber zum Menschen dasselbe aus wie der andere.

Ein Baum hat eine Gestalt, die ihn mit anderen Bäumen seiner Art verbindet und ihn kenntlich macht, und er zeigt ein Schicksal, das ihn aus seinen Artgenossen heraushebt. Sturm, Trockenheit, Nachbarschaft anderer Bäume, Eingriffe des Menschen machen sein Schicksal aus und geben ihm seine „persönliche" Gestalt. Dabei „macht" der Baum nichts. Er lebt. Er wächst und behauptet sich. Er „will" nichts. Er gehorcht dem Gesetz, das in ihm ist.

Man findet sich, wenn man so vor einem Baum steht und ihm begegnet, unversehens bei der Bemühung, „wie ein Baum" zu sein. Zu stehen. Sich aufzurichten. Wurzeln zu schlagen. Raum zu gewinnen. Ein Mensch zu werden, der aufrecht dasteht. Man verläßt den Baum wieder und setzt seinen Gang fort. Aber man hat ihn kennengelernt und ein Gleichnis begriffen.

Die Gleichnisse der Bibel pflegt man bei uns zu „erklären", weil wir sie nur noch mit dem Kopf verstehen. Sie wollen aber mehr: Sie wollen gesehen und nacherlebt und vollzogen sein. Sie sind Modelle unseres praktischen Lebens.

Eine Kiefer.
Ein Stamm. Eine Krone.
Trockene Aststümpfe bis zur halben Höhe.
Ein Stück Erde, in das der Stamm eingreift.
Ein Baum, der sich selbst trägt,
sich von der Erde her aufbaut.

Er hat seinen Platz und seine Nahrung.
Er tastet mit seinem Wurzelwerk nach Wasser
und saugt es ein.
Der Saft steigt auf, in den Wurzeln zusammengezogen,
im Stamm gesammelt,
nach oben und außen weitergedrängt
zu Trieben und Nadelbüschen.

Er treibt Blüten hervor und grüne Zapfen.
Die Zapfen werden braun und hart und fallen schließlich.
Auf den Trieben dieses Jahres werden im kommenden Jahr
neue Triebe wachsen, neue Nadeln, neue Früchte.

Er wächst, solange er lebt,
an allen Wurzeln und Ästen.
Wenn er aufhört zu wachsen, ist er tot.
Eines Tages wird die Stelle leer
und ein Teil des Baums ein Teil dieser Erde geworden sein.
Aber noch steht er vor mir,
und ich versuche, ihn zu verstehen.

✦

Gesegnet der Mann, der sich auf Gott verläßt,
dessen Hoffnung auf Gott gründet.
Der ist wie ein Baum, am Wasser gepflanzt,
der seine Wurzeln zum Bach hinstreckt.
Wenn auch die Hitze kommt, fürchtet er sich doch nicht,
sondern seine Blätter bleiben grün.
Er sorgt sich nicht, wenn ein dürres Jahr kommt,
sondern bringt ohne Aufhören Früchte.

Jeremia 17, 7–8

Standhalten

Wer beten lernen will, wird in vielen Punkten anders leben müssen, als man heute lebt. Er wird zum Beispiel aushalten und standhalten müssen, wo sich ihm leichte Auswege aus Schwierigkeiten anbieten.

Wer sich selbst und seiner inneren Fragwürdigkeit begegnet, kann in die Leistung ausweichen. „Sein Leben ist Arbeit." Nein, es ist Flucht. Wer seinen Charakter darin bewähren müßte, in einer bestimmten Sache allein gegen die Menge der anderen zu stehen, kann seinen Charakter opfern und sich anpassen. Wer sich verloren hat und nun zu sich selbst kommen sollte, kann Urlaub nehmen und sich „entspannen", das heißt sich in seiner Verkrampftheit einrichten, ohne Mühe mit sich selbst zu haben. Wer den banalen Anforderungen unbedeutender Pflichten nachkommen sollte, hat die Möglichkeit, sich in den Rausch zu entfernen, das heißt in ein Glück, das durch Verantwortung nicht getrübt ist. Ist er überarbeitet und sollte seine Arbeitsweise ändern, so rettet er seine Leistung durch anregende Mittel. Wird er dabei nervös, so greift er zu beruhigenden Tabletten. Schmerzen lassen sich auflösen. Wer sich ängstet, den schützt das Psychopharmakon vor der rauhen Welt. Es ist heute sehr leicht, Schwierigkeiten zu beseitigen, ohne ihnen standhalten zu müssen. Es ist leicht, der Aufgabe, sich umzustellen oder gar sich zu ändern, zu entgehen.

Wir sichern uns heute ein störungsfreies Leben mit Hilfe einer hochentwickelten Kunst der Vernebelung und wundern uns, daß Gott uns verborgen bleibt. Denn Gott findet nur, wer sich für die Wahrheit freihält. Das Gebet gedeiht nur in einer Atmosphäre der Wahrhaftigkeit, und ein erwachsener Mensch wird nur, wer sich zwingt standzuhalten, wo es die Wahrheit fordert.

Sich selbst erkennen, wie man in Wahrheit ist, das ist mehr wert als alle Wissenschaft. Wenn du dich selbst erkennst, bist du vor Gott besser als wenn du, ohne dich selbst zu kennen, die Bewegungen des Himmels, aller Planeten und Sterne, die Kraft aller Kräuter, das Wesen aller Menschen und Tiere verstündest und wenn du dazu noch die Kunst aller derer hättest, die im Himmel und auf der Erde sind. Es war nie ein Weg in die Welt hinaus so gut, daß nicht der Weg zu sich selbst besser gewesen wäre.

„Eine deutsche Theologie" (16. Jahrhundert)

◆

Gott, ich prüfe mich vor dir.
Ich prüfe, was klein ist und was groß.
Was ist wichtig an dem, was ich denke?
An meinen Sorgen,
meiner Angst und meinen Hoffnungen?
Was ist nötig? Was entbehrlich?
Was ist fruchtbar? Was unfruchtbar?
Was ist wahr? Was ist Maske?
Manches erweist sich als so klein,
daß ich es vergessen kann, obwohl es mir wichtig war.
Manches erweist sich als so groß,
daß ich bereit sein muß, vieles zu ändern,
damit ich es erringe.

Wichtiger als meine Leistung ist mein Zutrauen.
Wichtig ist, daß ich tue,
was du in mir tun willst,
damit ich der werde,
der ich nach deinen Gedanken und deinem Willen bin.

Sich nicht wichtig nehmen

Standhalten und auf sich selbst achten ist notwendig, aber es ist nicht das Ganze. Es könnte sein, daß einer sich kontrolliert und sich in Zucht nimmt, aber dabei weder lebt noch liebt, sondern in moralischer Härte erstarrt. Wer sich zu ausschließlich mit sich selbst befaßt, verbringt sein Leben damit, sich mit anderen zu vergleichen, statt mit ihnen zu leben, oder Menschen zu bessern, statt sie zu lieben. Wie soll er ein Wort hören, das wirklich von Gott kommt? Wie soll er sich einem Werk opfern, wie auf Leiden gefaßt sein? Nüchternheit seinen eigenen Klagen gegenüber, Distanz seinen Bedürfnissen, Humor seiner Wichtigkeit gegenüber – das könnte ein Schritt auf dem Weg zum Gebet sein.

Er vermeidet auf diese Weise jene falschen und törichten Gebete, in denen der Mensch mit der Monotonie einer alten Litanei Gott mitteilt, was er braucht, was Gott zu geben, zu verhüten oder zu berücksichtigen habe. Das Gebet stirbt, wo der Betende sich für den Nabel der Welt hält.

◆

Ein Vogel lag auf dem Rücken und hielt beide Beine starr gegen den Himmel gestreckt. Ein anderer Vogel kam vorüber und fragte verwundert: Warum liegst du so da? Und warum hältst du die Beine so starr? Da antwortete der erste Vogel: Ich trage den Himmel mit meinen Beinen. Wenn ich losließe und die Beine anzöge, würde der Himmel herabstürzen!

Kaum hatte er das gesagt, da löste sich ein Blatt vom nahen Eichbaum und fiel leise raschelnd zur Erde. Darüber erschrak der Vogel so sehr, daß er sich geschwind aufrichtete und spornstreichs davonflog. Der Himmel aber blieb an seinem Ort.

Alte Fabel

Schenke mir Gesundheit des Leibes
mit dem nötigen Sinn dafür,
ihn möglichst gut zu erhalten.

Schenke mir eine heilige Seele, Herr,
die im Auge behält, was gut und rein ist,
damit sie sich nicht einschüchtern läßt
vom Bösen,
sondern Mittel findet,
die Dinge in Ordnung zu bringen.

Schenke mir eine Seele,
der die Langeweile fremd ist,
die kein Murren kennt
und kein Seufzen und Klagen,
und lasse nicht zu,
daß ich mir allzuviel Sorgen mache
um dieses sich breitmachende Etwas,
das sich „Ich" nennt.

Herr, schenke mir Sinn für Humor.
Gib mir die Gnade,
einen Scherz zu verstehen,
damit ich ein wenig Glück kenne im Leben
und anderen davon mitteile.

Thomas Morus

Wandlung

Es gibt Hindernisse in uns selbst. Oder besser: Das Hindernis auf dem Weg zum Gebet sind wir selbst. Man müßte sich ändern können. Manche nehmen es sich vor, und es geschieht nichts. Manche mühen sich ein Leben lang darum und bleiben doch dieselben, die sie sind. Sie erwachen jeden Morgen mit derselben Last, sich mit sich selbst abzufinden, den Menschen, der sie selbst sind und den sie nicht ändern können, ertragen zu müssen bis zum Abend und ein Leben lang bis zum Tod.

Was sich ändern müßte, wäre unschwer zu erkennen. Der Verschlossene müßte sich öffnen. Der Unzufriedene müßte seine Grenzen anerkennen. Der Verdrießliche müßte Dankbarkeit lernen. Der Gleichgültige müßte sich hingeben. Der Vieldeutige, der sich hinter Masken verbirgt, müßte den Mut finden, klar und einfach so zu leben, wie er ist. Der für alles Entschuldigungen findet, müßte ehrlich werden. Der sich immer und immer an etwas oder an jemandem festklammert, müßte loslassen. Der immerfort über die böse Welt klagt, müßte das Erbarmen mit den Menschen lernen.

Der Mann mit dem Stehvermögen des Erfolgreichen müßte sich um Menschen, um Gespräche bemühen. Der robuste Durchsetzungstyp müßte nach Gelegenheiten suchen, bei denen er Frieden zu stiften hätte. Der Mensch mit dem großen Können und dem großen Wissen müßte sich wandeln in den Liebenden, der Charakterfeste in den Hingebenden. Der gewöhnt ist, alles selbst zu tun, müßte lernen, etwas geschehen zu lassen, ohne zuzugreifen.

Das Gebet erfordert einen Menschen, der bereit ist, sich zu ändern, soweit er das kann, und sich ändern zu lassen, sobald er merkt, daß die Aufgabe sein Vermögen übersteigt. Die verwandelnde Kraft, auf die es ankommt, nennen wir den Geist Gottes: den schöpferischen Geist aus Gott.

Ich weiß, daß ich nicht weiterkomme,
wenn ich mich nicht ändere,
und daß ich mich nicht ändern kann.
Das ist der Grund meines Elends.
Ich weiß, daß ich mich überwinden muß
und daß ich es nicht kann,
so oft ich es auch versuche.

Überwinde du mich, Gott.
Ändere du mich.
Wenn du Hand an mich legst,
um mich frei zu machen von mir selbst,
will ich mich gerne annehmen, wie ich bin,
und dir nicht im Wege sein.

Ich will dir stillhalten.
Denn ich weiß, daß ich selbst das Hindernis bin,
das du überwinden mußt.
Liebe du mich,
damit auch ich mich lieben kann.

Eine arme, ungeordnete, zerrissene Welt
wird mein Platz sein. Ich will ihn annehmen.
Deine verwandelnde Kraft wird meine Kraft sein,
dein Erbarmen mein Reichtum.
Sende deinen Heiligen Geist
und verwandle mich. Überwinde mich.
Ich glaube, lieber Herr, hilf meinem Unglauben.

✦

Ich beuge meine Knie vor dem Vater,
daß er euch Kraft gebe
nach dem Reichtum seiner Herrlichkeit,
stark zu werden durch seinen Geist
an dem inwendigen Menschen,
daß Christus durch den Glauben in eurem Herzen wohne
und ihr in der Liebe eingewurzelt und gegründet werdet.

Epheserbrief 3, 14–17

Wachstum

Unser Körper wächst bis zu einem bestimmten Maß. Wir selbst, das geistige und seelische Wesen in uns, haben eine solche Grenze nicht. Wir können unser Leben lang weiterwachsen bis an unser Ende, und würden wir noch so alt.

Der Ungeduldige fragt: Wo wachse ich eigentlich? Was an mir wächst? Er läßt die Hände entmutigt sinken und sagt: Ich sehe kein Wachstum. Es bleibt alles, wie es ist.

Einer klagt, er könne sich beim Gebet nichts vorstellen. Er empfinde kein Gegenüber, auch nicht nach vielen Versuchen. Es bleibe dabei, daß er nur Worte mache. In Wahrheit geht ihm bei seinen Versuchen auf, wie arm und unentwickelt sein Empfinden überhaupt ist. Aber das kann bereits ein Zeichen dafür sein, daß etwas wächst. Denn die meisten Menschen sehen ihr Leben lang nicht, wie arm und steril es in ihnen zugeht.

Einer klagt, er könne einen Gedanken nicht festhalten. Er werde, wenn er sich sammeln wolle, nur unsteter, fahriger, aufgescheuchter. In Wahrheit geht ihm nur auf, was er bisher nicht gemerkt hatte: wie unkontrolliert seine Gedanken überhaupt hin und her flattern. Aber dies zu bemerken ist ein bedeutender Fortschritt, den die meisten Menschen in ihrem ganzen Leben nicht erzielen.

Aber wer will darüber urteilen, ob in ihm etwas wächst? Für sehr vieles, was an uns selbst geschieht, haben wir die Augen nicht oder noch nicht. Das entscheidende Wachsen der Seele vollzieht sich immer sozusagen hinter unserem Rücken. Wachstum ist eben keine Zauberei. Es besteht am Anfang darin, daß uns das Große groß wird und das Nutzlose nutzlos und daß wir beginnen, uns darauf einzustellen. Wer sich nach dem ausstreckt, was groß ist, und das Kleine losläßt, wächst.

Wo Gott seine Herrschaft ausübt,
sagt Jesus, da geschieht es so,
wie wenn ein Mensch Samen aufs Land wirft
und schläft und aufsteht, viele Tage und Nächte.
Und der Same geht auf und wächst,
ohne daß er es weiß.
Denn die Erde bringt von selbst Frucht,
zuerst den Halm, dann die Ähre
und zuletzt den vollen Weizen in der Ähre.
Markus 4, 26–28

✦

Ich nehme ein Wort in die Hand
und prüfe sein Gewicht.
Ich beginne, ihm zuzuhören,
und indem ich zuhöre, geschieht etwas an mir.

Ich lege das Wort wieder weg.
Aber es ist nicht mehr dasselbe Wort.
Es ist gewichtiger geworden
dadurch, daß ich es hörte.
Auch ich selbst bin nicht mehr derselbe.

Umgang mit einem Wort, das ist eine Arbeit,
die der eines Bauern gleicht,
der Samen aufs Land wirft.
Das Wort wächst und verändert das Land,
bis die Ernte da ist.

✦

Heiliger Gott, du hast mehr Geduld als ich.
Du hast mehr Zeit.
Wenn ich mich dir überlasse,
habe auch ich Zeit.
Du forderst nicht alles auf einmal.
Während ich nicht mehr will,
nicht mehr kann oder nicht weiterweißt,
wirfst du den Samen aufs Land,
bis er in mir Wurzel schlägt und wächst
und aus meinem Leben Frucht reift. Deine Frucht.

Demut

Dieses Wort ist wenig geachtet, viel mißverstanden und viel gemieden. Zu Unrecht. Als „demütig" bezeichnet die Bibel einen von Illusionen, von Selbstüberschätzung und Empfindlichkeit freien Menschen. Sachlichkeit und Hingabefähigkeit machen die Demut aus.

Der Demütige sieht und versteht, wo sein Auftrag liegt, weil er aufmerksam und nicht mit sich selbst beschäftigt ist. Er setzt das Maß, an dem er sich mißt, nicht selbst, sondern nimmt es an einem Größeren ab; ist er ein Christ, nimmt er es an Christus. Der Demütige nimmt sich nicht vor, ein Mensch dieser oder jener Art zu werden, sondern läßt sich bilden und formen nach der Gestalt, die ein anderer aus ihm formt. Er verzichtet darauf, seinem Leben einen „Sinn" zu geben; er vertraut darauf, daß ein anderer ihn kennt, und tut inzwischen, was ihm vor die Hand kommt.

Demut betrifft auch das Gepäck. Man kommt nach den Worten Jesu mit breitem Gepäck nicht durch die „enge Pforte". Es kann sich um eine Schuld handeln, die einer mitschleppt und die zu gestehen er zu stolz ist. Eine Angst kann es sein, eine Liebhaberei, ein Besitz oder ein berufliches Ziel. Soll er seine Last behalten oder beschließen, sie abzulegen? Beides kann falsch sein. Denn wer gesund werden will, sollte nicht sein eigener Arzt sein wollen. „Laß dir an meiner Gnade genügen", sagt Gott zu Paulus, als dieser von seiner Krankheit frei sein will. „Meine Kraft ist in den Schwachen mächtig." Die Fähigkeit, in aller Schwachheit sich der Kraft Gottes anzuvertrauen, nennen wir Demut. Es gibt keinen Weg zum Gebet außer über diese Schwelle.

◆

Wie das Wasser die Höhe meidet und in die Tiefe fließt, so bleibt auch die Weisheit nur bei den Demütigen.
Aus dem Talmud, Buch Taanit 7

Jesus, du wolltest nicht herrschen
über die Menschen.
Du warst ihr Bruder.
Du gingst den unteren Weg.
Du ließest dir alles gefallen:
Mißverstehen und Undank,
Torheit und Haß.
Du zeigst mir, wie ich leben soll.
Hilf mir, dir nachzufolgen
von Schritt zu Schritt.

✦

Mein Gott,
ich will mit dir ausharren.
Ich habe dich verstanden.
Nimm meine gebrechliche Demut an.

Ich will darauf verzichten,
irgendeine Macht auszuüben
außer der Macht der Demut.
Ich will niemand beeindrucken.
Schenke mir bitte nur meine eigene Gebrochenheit.
...
Ich will einer sein, den man verachten kann.
Ich möchte bei meinen Freunden bleiben.
Sie sind so einsam und verlassen.

Ich verspreche dir:
Ich werde niemand verraten,
niemand in seiner Einsamkeit ersticken lassen,
niemand verurteilen.
Ich werde alle achten.
Ich werde nie mit Menschen „spielen".
Die Sehnsucht des Herzens
wird für mich immer heilig sein.

Schenke mir dieses Kreuz:
unter den Menschen zu bleiben als ihr Freund.

Ladislaus Boros

Wenn wir auch Geschäfte haben,
Die weit fort führen
Von Seinem Licht,
Wenn wir auch das Wasser aus Röhren trinken
Und es erst sterbend naht
Unserem ewig dürstenden Mund –
Wenn wir auch auf einer Straße schreiten,
Darunter die Erde zum Schweigen gebracht wurde
Von einem Pflaster,
Verkaufen dürfen wir nicht unser Ohr,
O, nicht unser Ohr dürfen wir verkaufen.

Nelly Sachs

Die Welt sehen

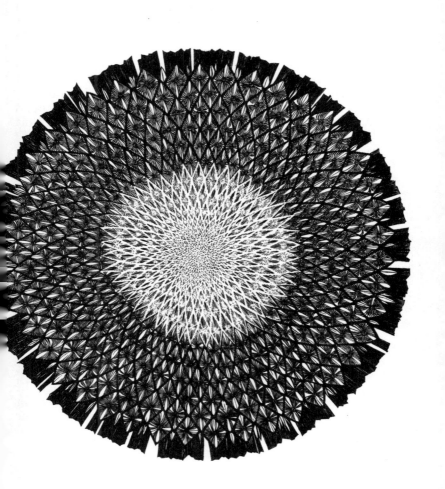

Höhe und Tiefe

Auf alten Bildern begegnen wir dann und wann Darstellungen der Himmelfahrt Christi. Da stehen auf einem Hügel im Kreis ein paar Männer und schauen zu einer Wolke hinauf, denn dort oben verschwinden eben zwei Füße, während unten, in der Mitte des Kreises, zwei Fußspuren in die Erde eingedrückt sind. Hier unten – so will der Maler sagen – haben wir die Spur der irdischen Geschichte Jesu, seine Worte, den Bericht der Kirche. Aber von hier „unten" blicken wir nach „oben", denn wir glauben, daß Christus nun gegenwärtig ist wie Gott selbst. Während wir noch selbst unsere Spuren in die Erde eindrücken, erwarten wir den Geist Gottes, der von oben, vom Himmel her, zu uns kommen wird.

Die Sprache des Gebets bedarf solcher Bilder. Sie drückt in „Höhe" und „Tiefe" die Weise aus, in der Gott und der Mensch zueinander stehen, und es ist wichtig, daß uns der Sinn solcher Bildreden nicht verlorengeht. Wir empfinden beim Wort „oben" ganz natürlich etwas anderes als beim Wort „unten" und können auch im Zeitalter der Wissenschaft auf die Einübung solcher Chiffren nicht verzichten. Wer in einem Schloß aus der Zeit des Barocks oder an einer alten Kirche vor einer der großen Treppen steht und sich Zeit nimmt, ihr Steigen, Verharren und Weitersteigen zu sehen und es dann Stufe um Stufe nachzugehen, erfährt dabei, wie ihn eine Treppe über ihn hinausführt, wie sie ihn nach „oben" trägt.

Es hat Sinn – wir Heutigen müssen diesen Sinn wieder einüben –, wenn Betende sagen, man stehe vor Gott – in der Geste des Hörenden, man beuge sich – in der Geste des Gehorsams, man erhebe seine Augen – als der Hilfesuchende, man knie – in der Geste der Unterwerfung, oder man setze sich nieder vor Gott – in der Geste dessen, der nichts weiter will als anwesend sein, wo Gott ist. In den Bildern ist viel gesagt, das mit Worten schwer zu formulieren ist, und mit einer Geste läßt sich viel ausdrücken, wofür die Sprache nicht ausreicht. Verstünden wir die Bilder und die Gesten, mit denen die Menschen seit Urzeiten ihr Leben vor Gott beschrieben haben, so blieben uns heute viele törichte Mißverständnisse erspart.

Du Gott,
der in der Höhe thront,
ich erhebe meine Augen zu dir.

Ich suche dich nicht über den Wolken,
ich suche dich nahe bei mir.
Aber du bist der Heilige, der Erhabene,
darum erhebe ich meine Augen.
Darum rufe ich zu dir aus meiner Tiefe.

Aus der Tiefe, in der ich lebe, rufe ich zu dir.
In der Tiefe erwarte ich deinen Geist,
der aus der Höhe zu mir kommt.
Ich kann nicht rufen,
wenn du nicht selbst mir das Wort gibst.
Sende deinen Geist aus der Höhe,
damit ich glaube, damit ich dich liebe
und ein Wort finde, das dich ehrt.

In der Tiefe suche ich dich,
in all den geringen Dingen,
in all dem Jammer,
der uns Menschen gefangenhält,
in allen dunklen Erfahrungen.
Du bist das Licht,
das von oben leuchtet,
das Leben, das von oben kommt,
der Geist, der von oben zu uns spricht.

Sende deinen Geist aus der Höhe,
damit ich nicht zu mir selbst spreche,
wenn ich bete, sondern zu dir.
Damit ich nicht mir selbst zuhöre,
wenn ich horche, sondern dir.
Damit ich in dir lebe
und nicht nur in mir.
Damit du in mir bist
und nicht nur über mir.

Du naher Gott.
Auf dieser Erde warte ich auf dich.

Menschwerdung

Immer wieder spricht die Bibel vom „heiligen Geist" oder von „Gottes Geist". Der Geist Gottes „schwebte über den Wassern", als die Welt geschaffen wurde. Gottes Geist gibt dem Propheten das Wort, wenn sein Volk praktischen Rates bedarf. Christus wird Mensch „durch den heiligen Geist". Als er sich taufen läßt, das heißt solidarisch wird mit dem leidenden, schuldigen, todverfallenen Menschen, öffnet sich der Himmel, und der Geist Gottes bestätigt seinen Weg. Als auf dieser Erde eine konkrete, irdische Kirche entstehen soll, entsteht sie durch den Hauch und das Feuer des Geistes. Wo immer der Geist am Werk ist, entsteht etwas Greifbares, Sichtbares, Hörbares. Es entsteht echte diesseitige Wirklichkeit, durchlichtet und mit Sinn erfüllt durch die Gegenwart Gottes. Darum heißt der Geist auch der „Tröster": Wo er ist, ist Gott mitten in den praktischen Aufgaben nahe. Er heißt auch der „Anwalt": Denn weil Christus ein Mensch war wie wir, tritt er für uns ein, mitten in dem so problematischen Leben, das wir mit Glauben zu durchdringen suchen.

Das Seltsame ist, daß die Bibel nicht dann vom „Geist" spricht, wenn sie „nach oben", von den massiven Dingen dieser Welt weg denkt, sondern gerade dann, wenn sie ein Geschehen auf dieser Erde meint. Die Grundbewegung des Geistes geht abwärts. Das unterscheidet den christlichen Glauben von aller Philosophie.

„Im heiligen Geist beten" heißt also gerade nicht, sich über sich hinaus in eine geistige Höhe entfernen und den Leib verachten, sondern die Menschwerdung Christi und das schöpferische Tun Gottes an der Erde und den Menschen nachvollziehen. Es heißt eine durch und durch menschliche Welt wahrnehmen, bejahen, bewohnen und erleiden. Es heißt sie umschaffen, für sie eintreten und so vor Gott verkörpern.

Nicht in Tempeln, also in exklusiven religiösen Räumen, will Gott angebetet sein, sagt Jesus zu einer Frau, die sich für religiöse Fragen interessiert, ohne sich mit ihrem tatsächlichen Leben kritisch einzulassen. „Gott ist Geist, und die ihn anbeten, die müssen ihn im Geist und in der Wahrheit anbeten" (Johannes 4).

Komm Schöpfer, Heiliger Geist!
Durch dich wird die Welt geschaffen.
Schaffe weiter an ihr.
Die Welt, die deine schaffende Kraft braucht,
ist unser Herz.
Schaffe neu, was du gebildet hat.
Verbinde, was zerfällt.
Wecke, was unfruchtbar ist.
Verjünge, was alt ist.
Gib uns Augen, das Licht zu sehen,
das geschaffene und das ungeschaffene.
Gib uns Kraft, Frucht zu bringen
und uns zu freuen mit Leib und Seele.

Löse das Erstarrte.
Mach uns lebendig,
die wir erstarren in Angst.
Gib Mut den Verzagten,
Hoffnung den Niedergeschlagenen,
Freiheit den Verschuldeten,
Glauben allen, die sich nach Glauben sehnen.

Gib den Stummen ein Wort.
Den Liebenden ein Wort der Liebe.
Den Dankbaren ein Wort des Danks.
Den Wahrheitsuchenden ein Wort der Wahrheit.
Gib den Mißtrauischen ein Wort des Vertrauens
und allen, die nicht wissen, wie sie dich preisen sollen,
ein Wort, dich zu preisen, mein Gott.

Mache die Toten lebendig,
daß die Kraftlosen sich aufraffen,
die nicht stehen können, sich aufrichten,
die nicht gehen können, Schritte tun,
die keinen Weg wissen, den Weg finden,
den du zeigst.
Die keinen Sinn sehen, ihr Ziel schauen.

Komm Gott Schöpfer, Heiliger Geist!

Leben „im Geist"

Paulus meint, wir sollten „im Geist" leben. Er sagt „im" Geist und deutet also eine Art „Raum" an, in dem man leben kann, so als wäre der „Geist" die Luft, in der wir atmen, das Haus, in dem wir wohnen, der Grund, in dem wir wurzeln, die Freiheit, in die wir hinauswachsen, wie ein Baum in Licht und Luft hinauswächst.

Es geht nicht um einen Tempel oder eine Kirche. Es gibt aber so etwas wie einen heiligen Raum, der um einen gesammelten, hörenden und antwortenden Menschen entsteht, wie auch ein schützender, aber nicht begrenzender Raum um zwei Liebende entsteht, um eine Mutter mit ihren Kindern, um ein Kunstwerk, um eine Musik.

Dieser „Raum" der Gegenwart des Geistes ist „heilig", sagen wir. Heilig im ursprünglichen Sinn ist allein Gott. Wenn wir Menschen „heilig" genannt werden, bedeutet das, daß wir in der Ausstrahlung Gottes leben. Setzen wir uns ihr lange und geduldig aus, so bestimmt und verändert die Wahrheit uns mehr und mehr, so daß die versteckten Winkel Licht bekommen, daß Wort und Tat, Gesten und Gedanken beginnen übereinzustimmen. Alles wird wesentlicher dabei, auch die kleinen Dinge. Gott wird gegenwärtiger, und wir werden gegenwärtiger vor ihm. Es geht mehr Friede von uns aus.

Wenn Jesus mit einem Menschen zu tun bekommt, ändert er ihn. Er klärt das Verwirrte. Er heilt das Kranke. Er schützt das Bedrohte in ihm und entläßt ihn mit dem Wort: Gehe hin in Frieden. Geheilt werden und Frieden empfangen und nun „im Geist", in jenem unsichtbaren Raum der Gegenwart Gottes leben heißt für einen Menschen „heilig" sein.

Und wenn ich nun „im Geist" bete, dann zaubert mich dieses Gebet nicht um, aber es löst ein Wachstum aus, das ein Leben lang fortgeht. Es bringt eine Klarheit, die mich allmählich aus meiner Verworrenheit löst. Es macht Gott größer in mir und mich geringer in meinen eigenen Augen, bis er selbst meinen eigenen Willen übernimmt.

Wo ein Christ ist, da ist der Heilige Geist. Der tut nichts anderes als immerdar beten. Denn auch wenn der Mensch nicht immer den Mund regt oder Worte macht, geht und schlägt das Herz – gleich wie die Pulsadern und das Herz im Leibe – ohne Unterlaß mit solchem Seufzen: Ach, lieber Vater! Daß doch dein Name geheiligt werde, dein Reich komme, dein Wille geschehe bei uns und jedermann! Und wenn die Püffe, die Anfechtung und Not härter drücken, dann geht solches Seufzen und Bitten desto stärker, auch mit dem Munde. Man kann keinen Christen finden ohne Gebet, so wenig als einen lebendigen Menschen ohne den Puls. Denn der Puls steht nimmer still, er schlägt und regt sich immer, obgleich der Mensch schläft oder etwas anderen tut, und der Mensch wird seiner nicht gewahr.

Martin Luther

✦

Lebe du in mir, heiliger Gott.
Ich möchte nichts als dasein
und durch dich leben.
Ich will mich lassen, mich freigeben.
Ich möchte mich öffnen
und mich geöffnet in der Hand halten,
dir entgegen.

Wirke du in mir so,
daß du mein Leben bist.
Sei du um mich so,
daß du meine Welt bist.
Durchdringe mich,
daß ich selbst unwichtig werde
und du allein bleibst.

O Wahrheit!
Du Licht meines Herzens!

Ich habe mich ins Irdische verloren
und bin mir selbst zur Dunkelheit geworden.

Ich geriet in die Irre
und habe mich deiner erinnert.
Ich vernahm deine Stimme hinter mir,
die mich einlud, doch zurückzukehren,
aber kaum vermochte ich sie zu hören
wegen des Lärms der Friedlosen.

Und nun – hier bin ich!
Ich kehre zu deinem Quell zurück,
glühend vor Hitze und außer Atem.
Niemand soll es mir wehren.
Ich will aus ihm trinken
und durch ihn mein Leben gewinnen.

Nicht ich selbst will mein Leben sein.
Böse habe ich gelebt aus mir,
ich bin mir selbst zum Tod geworden.
Nun aber lebe ich in dir auf.

Sprich du zu mir!
Rede zu mir.

Augustin

Tatsachen

Wer beten lernen will, braucht sich nicht um Aufschwünge der Seele zu bemühen. Es genügt, daß er auf der Erde steht. Er braucht sich nicht nach großen Erfahrungen auszustrecken. Die kleinen Dinge, mit denen er lebt, sind genug. Sie haben ihm so viel zu sagen, daß er lange zu ihnen in die Schule gehen könnte. Er braucht sich nicht in die Ferne von der Welt und den Menschen wegzusehen. Der Lernstoff liegt nahe.

„Tu, was dir vor die Hand kommt, denn Gott ist mit dir!" sagt ein Prophet des Alten Testaments. „Vor die Hand" kommen aber vom Morgen bis zum Abend unzählige Dinge, wichtige und unwichtige. Und mit den Dingen kommen Aufgaben, „vor die Hand", Chancen oder Gefahren. Die Dinge vor unserer Hand sind es wert, daß wir sie nicht einfach nehmen und wieder weglegen, sondern hin und wieder auch einmal eins von ihnen, einen Bleistift, ein Geldstück, ein Taschenmesser länger ansehen und unsere Gedanken darin üben, bei einer kleinen und scheinbar unwichtigen Sache konzentriert zu verharren, etwa auch bei einem Stein oder einem Stück Brot. Man sollte seine Gedanken so beherrschen, daß man fähig ist, drei Minuten bei diesem kleinen Ding zu verweilen, es kennenzulernen und es zu prüfen. Denn die Dinge sind Lehrmeister.

Versucht man das zum erstenmal, wird man merken, daß man es nicht kann. Nach zwanzig Sekunden spätestens sind die Gedanken anderswo. Und vielleicht merkt man dabei auch, daß es uns modernen Menschen ganz einfach an einer gewissen Übung fehlt, unsere Gedanken zusammenzuhalten, und daß wir nicht nur äußerlich unstet und eilig leben, sondern auch innerlich zerrissen und zerfahren sind. Und sehr wahrscheinlich kommen wir auch mit dem Gebet nicht zurecht, weil es uns mit ihm ebenso ergeht. Denn wer nicht mit allen Gedanken drei Minuten lang bei einem Schlüssel verweilen kann, den er in der Hand hat und sehen und abtasten kann, wie sollte der drei Minuten lang vor Gott anwesend sein können – mit ganzem Herzen, ganzer Seele und allen Kräften, wie die Bibel sagt – vor Gott, den er nicht sieht? Die Dinge sind Lehrmeister.

Es geht nicht um eine mystische Versenkung in die Dinge. Es geht um die ganz einfache Disziplin der Gedanken. Ich nehme etwa einen Schlüssel in die Hand und mache mir ganz klar, was ich da in der Hand habe: einen Schrankschlüssel etwa, aus Eisen, alt und grau von Rostflecken, mit einem runden, flachgeschlagenen Ring am Ende. Sein Rohr trägt ein paar Rillen, kurz unter dem Ring. Der Bart S-förmig. Ring und Bart abgerieben. Matt glänzend. Auf das Rohr eingraviert die Zahl Sechs.

Und dann stelle ich mir vor, was ich nicht sehe. Seine andere Hälfte sozusagen: das Schloß. Dort muß ein Loch sein, in das dieser Schlüssel paßt. Im Schloß stelle ich mir den Riegel vor, der in die Falle im Türrahmen einspringt, wenn mein Schlüssel ihn bewegt. Und den Schrank stelle ich mir vor, den er verschließt. Einen alten, weißgestrichenen Wäscheschrank vielleicht. Und etwas noch Ferneres: die Frauen, die in den letzten zwei oder drei Generationen diesen Schlüssel in der Hand gehabt haben mögen und die Tür zu ihrem Schrank auf- und zuschlossen, wenn sie an ihrer Wäsche zu tun hatten.

Wenn er nun in meiner Hand liegt, ist es derselbe Schlüssel wie am Anfang. Aber ich bin mit ihm vertraut geworden. Der kleine Prinz von Saint-Exupéry würde sagen: Ich habe ihn „gezähmt". Ich kenne ihn. Ich ahne, daß er eine Lebensgeschichte hat, bei der zu verweilen sich lohnt.

Was wir dabei gewinnen, das ist nicht nur der Respekt vor dem Ding, der uns so sehr fehlt, sondern auch die Fähigkeit, von sichtbaren Dingen aus unsichtbare zu erschließen und bei ihnen zu verharren – mit ganzem Herzen, ganzer Seele und mit allen Kräften. Wir werden sie brauchen, wenn wir anfangen wollen zu beten.

Ein Wort nachsprechen

Was uns das Beten immer wieder schwermacht, das ist, daß wir auf unsere eigenen Gedanken und unsere eigene Redekunst angewiesen sind, daß uns etwas Eigenes einfallen muß und wir zu müde oder zu langsam sind, um unsere Sätze in der gebotenen Schnelligkeit zu formulieren. Das Gebet der Christen beginnt aber nicht mit dem Reden, sondern mit dem Hören. Beten kann einer in dem Maß, in dem er fähig ist, ein Wort zu hören, zu bewahren, in sich zu bewegen und wieder nachzusprechen. Beten ist nichts für Redegewandte, sondern für Hörfähige.

Man nehme sich ein Wort aus den Reden Jesu oder aus den Psalmen vor und versuche es zu verstehen. Nicht so, daß man daran „herumdenkt", nicht so, daß man dabei in Gefühle versinkt, nicht so, daß man dumpf in sich hineinbrütet. Sondern so, daß man klar und locker die Gedanken aneinanderreiht, das Wort umkreist, an ihm vorübergeht, es in die Hand nimmt und nach allen Seiten wendet. Man merkt dabei zunächst und vor allem, wie unfähig man ist, ein Wort aufzufassen und umzusetzen.

Man erkennt unter anderem auch sich selbst auf diesem Weg: Man hört ein Wort, das Jesus gesagt hat, und man bemerkt den ungeheuren Abstand, in dem man davon lebt, man merkt die Unordnung in den eigenen Gedanken, die Stumpfheit und Taubheit, die Blindheit, die Beschränktheit, die Unfähigkeit, aufzunehmen und sich hinzugeben.

Es ist wichtig, daß man das einmal am Tag tut: irgendein Wort zu sich hernehmen und sich gleichsam in ihm aufhalten. Jesus sagt: Wenn ihr in meiner Rede wohnt, seid ihr in Wahrheit meine Jünger. Und darum beten wir zunächst nicht mit Worten, die uns selbst einfallen, sondern mit Worten, die Jesus gesprochen hat, und zwar so lange, bis unsere eigenen Gedanken uns gehorchen.

Im Alten Testament wird unterschieden zwischen reinen und unreinen Tieren. Rein sind Tiere, die zum Opfer und zum gottesdienstlichen Essen geeignet sind. Sie unterscheiden sich von den ungeeigneten dadurch, daß sie wiederkäuen. Diesen Gedanken nimmt Luther in seiner Schrift über die Lebensordnung der Geistlichen auf:
„Am Abend mußt du ein Wort aus der Heiligen Schrift im Gedächtnis mit dir zu Bette nehmen, und wiederkäuend wie ein reines Tier magst du sanft einschlafen. Es soll aber nicht viel sein, eher ganz wenig, aber gut durchdacht und verstanden. Und wenn du am Morgen aufstehst, sollst du es als den Ertrag des gestrigen Tages vorfinden."

◆

Was sich eignet:

Ich bin das Brot des Lebens. Wer von diesem Brot essen wird, der wird leben in Ewigkeit.

Ich bin das Licht der Welt. Wer mir nachfolgt, wird nicht in der Finsternis sein, sondern das Licht des Lebens haben.

Selig sind, die reinen Herzens sind, denn sie werden Gott schauen.

Selig sind die Barmherzigen, denn sie werden Barmherzigkeit erlangen.

Er hat unsere Schwachheit auf sich genommen und unser Leiden getragen.

Dein ist das Reich und die Kraft und die Herrlichkeit in Ewigkeit.

Bittet, so wird euch gegeben. Sucht, so werdet ihr finden. Klopft an, so wird euch aufgetan.

Das Himmelreich gewinnt, wer handelt wie ein Kaufmann, der gute Perlen suchte. Als er eine kostbare Perle fand, ging er hin, verkaufte alles, was er hatte, und kaufte die Perle.

In deine Hände befehle ich meinen Geist.

Gebete aus der Zeitung

Eine Zeitung aufschlagen heißt Worten begegnen – ob sie nun Tatsachen und Schicksalen entsprechen, ob sie der Beschönigung oder Verhüllung dienen oder Vermutung, Verdacht, Vorurteil ausdrücken. Die Zeitungen sind nicht wahrer als das Leben der Menschen, das sie spiegeln wollen. Wenn Jesus Anweisungen für das Leben geben wollte, erzählte er häufig Geschichten, wie sie auch hätten in einer Zeitung stehen können: „Es war ein Mensch, der ging von Jerusalem hinab nach Jericho und fiel unter die Räuber." Und er begann solche Geschichten oft mit dem Wort „Siehe". „Sieh hin!" „Laß es dir genau schildern! Das ist geschehen, das haben Menschen erlebt, das ist möglich gewesen! Kümmere dich darum, nimm die Tatsache, den Hinweis ernst!"
Wir könnten heute entsprechend so reden: Wenn du die Zeitung liest, dann achte auf die Schicksale. Achte auf die Gewalttaten, die Lügen, die verborgenen Tatsachen, die Vorgänge hinter den Worten. In der Regel sind es nicht die Sensationen, auf die es ankommt, sondern das kleine Glück, das Elend, das hinter den Annoncen stehende Leid. Suche nach der Krankheit in der Gemeinschaft der Menschen, nach Schuld und Sühne, nach dem guten Willen und dem geringen Können. Nach den Verhältnissen, die es zu ändern gilt, die um der Menschen und ihrer Schicksale willen nicht so bleiben können.
Die Zeitung lesen heißt sich entsetzen, heißt erschrecken, heißt staunen oder bangen. Wer nicht weiß, was er beten soll, schlage eine Zeitung auf und rede mit Gott über das, was er liest. Er wird, ehe er es sich versieht, ein Fürbittender sein. Er wird für sein eigenes Ergehen danken. Er wird verstehen, was es bedeutet, daß fremde Menschen seine Brüder und seine Schwestern sind. Er wird von sich selbst frei werden. Er wird vielleicht überhaupt auf diesem Wege das Gebet entdecken. Er wird mit Gott über das Elend reden, daß sein Reich nicht da ist, und über die Wege, die zum Reich Gottes unter den Menschen führen.

Ich lese in einer und derselben Ausgabe: „Rentenerhöhung wieder abgelehnt." „Milch wird teurer." Und denke an die Menschen, die in unserem reicher werdenden Land ärmer werden, weil die Preise steigen, nicht aber die Renten. In den kurzen Nachrichten verbergen sich die Schicksale.

Ich lese: „Suche Zimmer mit Kochgelegenheit. Miete bis DM 400,–. Eskitaski Halide." Und ich denke an die Fremden in unserem Land, die keine Chance haben, sich der brutalen Ausbeutung durch ihre Gastgeber zu erwehren.

Ich lese: „Rentner lag drei Tage hilflos in seiner Küche", und denke an die Verlassenen, denen niemand antwortet, wenn sie rufen.

Ich lese: „In der Nacht zum Donnerstag wurde in einem Elektrogeschäft in der Wilhelmstraße eingebrochen. Zwei junge Burschen..." Und ich denke an die Erfahrungen, die die beiden im Laufe ihres jungen Lebens mit der Welt der Erwachsenen gemacht haben müssen, ehe sie die Scheibe einschlugen.

Ich lese: „Geld wie Heu verdienen viele, die sich von uns beraten ließen." Und ich denke an die Träume der Millionen vom großen Geldsegen. An die Enttäuschungen. An die Ehen, die an den Schulden zerbrechen. An die Lügen, die nötig sind, um an denen zu verdienen, die der Annonce Glauben schenken.

Ich lese: „Bei Zusammenstößen zwischen der Polizei und Arbeitern sind vier Personen getötet worden." Und ich denke an alles Unrecht, das vorangegangen sein muß, ehe die Arbeiter und die Polizisten zusammenstießen.

Wer nicht weiß, was er beten soll, lese die Zeitung.

Die Erde verändern

Es ist noch nicht sehr lange her, daß uns aufging, wie wenig es sich bei der Bergpredigt um Utopien handelt und wie sehr um das Modell einer künftigen Menschenwelt. Erst seit einigen Jahrhunderten weiß man, und heute noch nicht überall, daß ein Mensch nicht der Sklave eines anderen Menschen sein kann. Erst seit einigen Jahrzehnten erkennt man, daß auch das nutzlose Glied einer Gesellschaft ein Recht auf Leben hat, daß man den Verwundeten nicht auf dem Schlachtfeld liegen läßt und daß der Gefangene ein Mensch bleibt auch in der Hand des Feindes. Daß es nicht möglich ist, den Verbrecher zu töten, wußte man vor wenigen Generationen noch nicht. Was gerecht ist unter den Menschen, müssen wir für unsere heutige Welt erst finden, und was man bisher für Träume hielt, erkennen wir als unsere Aufgabe. Gibt es eine Fürsorgepflicht eines reichen Landes für ein armes am anderen Ende der Erde? Absurd! würde ein Politiker früherer Zeiten sagen, wie ein König des 18. Jahrhunderts es für absurd gehalten hätte, zu behaupten, er habe kein Recht, einen Krieg zu führen. Selbstverständlichkeiten von Jahrtausenden verlieren ihren Sinn, und plötzlich, als sei die Kirche 1600 Jahre lang blind gewesen, seit sie nämlich begann, für den Bestand des Römischen Reiches verantwortlich zu sein, verstehen wir wieder, daß die Bergpredigt die Umrisse einer menschlichen Welt zeichnet. „Selig sind die Friedensstifter." „Selig sind die Sanftmütigen, denn ihnen soll die Erde gehören." „Selig sind, die sich um Gerechtigkeit willen verfolgen lassen." „Ihr sollt nicht schwören." „Ihr sollt nicht töten." „Ihr sollt Schuld nicht vergelten." Es ist nüchterne Wirklichkeit, was Jesus hier zeigt.

Wir verstehen heute, daß wir im Gebet Gottes Willen zu erfassen suchen und für eine bewußte politische Wirkung Klarheit gewinnen müssen. Daß man heute vielfach meint, allein die politische Aktion sei der Sinn des Gebets, bedeutet, daß man eine wichtige Erkenntnis unter anderen ebenso wichtigen für das Ganze hält. Immerhin würde der christliche Glaube von der Bühne abtreten, die er selbst errichtet hat, wenn er in der heutigen Welt auf verändernde Tat verzichten wollte. Er hätte seine eigene Vision von der Welt Gottes auf dieser Erde preisgegeben.

Gott, wir wissen, daß du eine bessere Welt willst.
Wir ahnen deinen Willen.
Wir wissen aber nicht, wie wir ihn verwirklichen sollen.
öffne uns die Augen.
Gib uns Phantasie.
Gib uns unerschrockene Tatkraft.
Ändere die Erde durch uns, deine Werkzeuge.
Gott, wir glauben, hilf unserem Unglauben.

✦

Einen Tag, bevor er ermordet wurde, sagte Martin Luther King in Memphis vor zweitausend Farbigen in einer Rede:

Ich verließ Atlanta heute morgen, und als das Flugzeug startete – wir waren sechs –, sagte der Pilot über das Lautsprechersystem: „Wir bedauern die Verspätung, aber wir haben Dr. Martin Luther King an Bord. Um sicherzugehen, daß alle Gepäckstücke überprüft werden, und um sicherzugehen, daß mit der Maschine alles in Ordnung ist, mußten wir alles sorgfältig prüfen."
Dann kam ich nach Memphis, und einige berichteten mir von Drohungen oder von Gerüchten über Drohungen oder was mir von einigen unserer kranken weißen Brüder zustoßen könnte. Nun, ich weiß nicht, was jetzt geschehen wird. Wir haben einige schwierige Tage vor uns, aber das kümmert mich jetzt nicht mehr. Ich bin auf dem Berggipfel gewesen. Wie jeder andere möchte ich ein langes Leben leben. Es ist schon etwas dran an einem langen Leben. Aber ich sorge mich nicht mehr darüber. Ich möchte nur Gottes Willen ausführen.
Der Herr hat mir erlaubt, den Berg zu besteigen. Ich habe hinuntergesehen, und ich sah das Gelobte Land. Vielleicht komme ich nicht mehr mit euch dorthin.
Aber ich möchte, daß ihr heute nacht wißt, daß wir als Volk das Gelobte Land erreichen werden. Deswegen bin ich heute abend glücklich. Ich mache mir über nichts Sorgen. Ich fürchte niemanden. Meine Augen haben die Glorie der Ankunft des Herrn gesehen.

Gott, ich möchte mich prüfen.
Prüfe du mich und zeige mir, wie ich handle.

Ungleichmäßig lebe und arbeite ich.
Einmal bin ich mit aller Kraft
und allem guten Willen am Werk,
ein andermal lasse ich die Hände sinken
und den Kopf hängen.
Einmal nehme ich mir vor,
Großes zu tun, und überfordere meine Kräfte;
ein andermal lasse ich mich gehen
und nehme sie nicht in Anspruch.

Ich sehe das eine Mal auf meine Arbeit,
das andere Mal auf die Menschen rechts und links,
überlege mir, was sie dazu sagen,
und lasse mich von Neid oder Ehrgeiz leiten.
Ich arbeite hart und verbissen,
aber vielleicht nur deshalb,
weil ich enttäuscht bin
oder weil ich nicht daran glaube,
daß ich mein Ziel erreiche.

Ich möchte ein freier Mensch sein.
Ich möchte verantworten können, was ich tue.
Ich möchte mit der Phantasie der Liebe handeln.
Mache mich frei durch deinen Geist.
Ich möchte dem Leben meines Nächsten
auf den Grund gehen.
Hilf mir, Leiden und Entbehrung zu bejahen,
mein Schicksal und das des anderen zu verstehen
und ihm, in deinem Geist, nahe zu sein.

✦

Nicht daran, wie einer von Gott redet,
erkenne ich, ob seine Seele
durch das Feuer der göttlichen Liebe gegangen ist,
sondern daran,
wie er von irdischen Dingen spricht.
Simone Weil

Schicksale

Die Bibel verlangt von uns, wir sollten „unseren Nächsten" lieben wie uns selbst. Der Nächste ist der Mensch, mit dem wir gerade zu tun haben. Irgend jemanden, den man trifft und mit dem man spricht, lieben zu sollen wie sich selbst, ist eine Zumutung. Denn der „Nächste" ist ja in Wirklichkeit unendlich weit entfernt. Er ist unbekannt, er ist fremd, er ist fragwürdig wie wir selbst. Lieben aber setzt auf alle Fälle Nähe voraus. Wer Menschen, von deren Zwiespältigkeit und Eigensucht er überzeugt ist, lieben soll, muß sie genauer kennen als nur sozusagen bis in die Schicht ihrer Zwiespältigkeit. Er muß sie verstehen.

Das ist nicht einfacher, als ein Ding kennenzulernen oder ein Wort in sich aufzunehmen, sondern schwerer. Man muß mit den Menschen leben, sie sehen, sie hören, ihre Gedanken ahnen und nachdenken und so den Grund suchen, auf dem ihr Leben tatsächlich stattfindet. Man mag sich zur Übung irgendeinen Menschen wählen, mit dem man immer wieder, aber nicht allzuviel zu tun hat – nicht einen aus der eigenen Familie –, eine Nachbarin, den Briefträger, einen entfernteren Kollegen, und sich ihn so klar vor Augen stellen, daß man die Beziehung entdeckt, die zwischen ihm und einem selbst besteht. In der zweiten Gemüsereihe in der Markthalle steht seit Jahren eine heute vierzigjährige Frau, derb und handfest. Wenn ich bei ihr kaufe, reden wir den einen oder anderen Satz, aber ich weiß wenig von ihr. So viel eben, wie ich höre, wenn sie sich mit ihren Nachbarinnen unterhält. Sie lebt allein. Sie schlägt sich mit ihrem Stand durchs Leben. Eigentlich müßte man mehr wissen. Denn sie ist nicht nur eine Gemüsefrau, sondern ein Mensch.

Es kommt nicht darauf an, „Menschenkenntnis" zu entwickeln, und schon gar nicht darauf, Menschen zu durchschauen, sondern zu klären, wie man selbst mit anderen Menschen umgeht oder an ihnen vorbeilebt. Über Menschen nachdenken ist der Anfang der Selbsterkenntnis, sie verstehen der Anfang der Liebe, und ohne Einschränkungen mit allen umgehen können zeigt an, wie frei einer von sich selbst ist. Wer etwa für andere Menschen beten will, muß mit ihnen leben.

Eure Freundlichkeit laßt alle Menschen spüren.
Christus ist nahe.

Philipperbrief 4, 5

◆

Gott, ich habe sehr viel mit mir selbst zu tun,
und da sagst du, ich solle allen Menschen
meine Freundlichkeit zeigen.
Ich habe Mühe mit meinem eigenen Schicksal,
ich komme kaum mit meiner Arbeit zurecht
und bin ein Mensch, der sich überwinden muß,
ehe er zu anderen spricht.

Du willst, daß ich an sie alle denke:
Die Nachbarn neben mir und die Bewohner dieser Stadt.
Die Kollegen, Freunde, Konkurrenten
und die vielen Unbekannten.
Du willst, daß ich mich nicht für besser halte als sie,
daß ich ihre Fehler leicht nehme und ihre Not sehe.

Ich soll an den Monteur denken im Umspannwerk,
der mir in meinem Haus für Strom sorgt.
An den Wachtmeister auf der Kreuzung,
der mir hilft, lebendig in mein Büro zu kommen.
Die Zeitungsfrau,
die morgens um sechs zuverlässig vorbeikommt.
Aber auch an das schwarze Mädchen,
das für meine Kinder den Kakao erntet,
an die hungernde Familie im Busch Afrikas
und den streikenden Arbeiter in Rio.

Ich soll mir vor Augen halten,
daß sie da sind und leben.
Du, Christus, bist nahe.
Dein Gesicht ist es, das sie tragen.
Gib mir Freundlichkeit für sie.

Außenseiter einbeziehen

Das Hauptproblem allen gemeinsamen Lebens unter den Menschen ist die Tatsache, daß es Menschen gibt, die anders sind. Außenseiter. Einzelgänger. Fremdartige. Denn die Vorurteile und die landläufigen Meinungen, die sich über die Andersartigen bilden, sind fast unausrottbar. Wenn Frieden herrschen soll, ist es aber nötig, daß wir unseren eigenen Urteilen kritisch gegenüberstehen und das Fremde respektieren. Nötig ist der sachliche, freundliche Umgang mit jedermann und eine liebende Nähe zu möglichst vielen. Wir müssen uns abgewöhnen, die Menschen in „Müllkästen auszusortieren", wie Paul Schütz sagt, als „Konservative" oder „Modernisten", als „Rassisten", als „Kommunisten", als „Playboys", als „Verbrecher". Einer hat einen Mord begangen und ist von da an aussortiert: Er ist ein „Mörder", als ob dies sein Beruf wäre. Schütz spricht von „Bewußtseinsverschluß durch Parolen" und von „Verstockung durch die Sprache".
Wer für Menschen beten will, muß diese Verschlüsse aufbrechen. Er muß im Sortieren den einzelnen sehen. Den Ungeliebten lieben. Den Verachteten achten. Den Außenseiter an die Seite nehmen. Sich für den Wehrlosen wehren. Für Menschen beten heißt, sich darin üben, sie mit Christus zusammenzusehen. Es heißt, sich selbst mit anderen Menschen zusammensehen. Ich sehe den Abgeurteilten mit mir selbst zusammen. Auf dem Wege über den Abgeurteilten werde ich also selbst eins mit Christus. Was Paulus das „Gestaltetwerden mit der Gestalt Christi" nennt, vollzieht sich auf diesem Umweg. Wenn es eine eigene Art christlicher Bildung gibt, dann besteht sie darin, daß wir uns umbilden lassen nach dem Bild Christi.

◆

Großer Geist, hilf mir, daß ich niemand richte,
ehe ich einen halben Mond lang
in seinen Mokassins gegangen bin.

Indianisches Gebet

Jesus Christus sagt:
Ich war im Gefängnis,
und ihr habt euch nicht um mich gekümmert.
Ich war im Gefängnis,
und ihr habt meine Angehörigen geschnitten,
als ob es noch immer Sippenhaft gäbe.
Ich war im Gefängnis,
und ihr habt euren Kindern verboten,
mit meinen Kindern zu spielen.
Ich war im Gefängnis
und bekam keinen Urlaub zur Aufrechterhaltung meiner
Ehe, und euch war es gleichgültig, daß sie zerbrach.
Ich war im Gefängnis,
und ihr habt euch nicht die Mühe gemacht, nach der
Grenze zwischen Krankheit und Schuld zu forschen
und danach, ob nicht auch ihr mitschuldig geworden seid.
Ich war im Gefängnis
und wurde entlassen, und durch euer Mißtrauen
– genährt von Vorurteilen und Verallgemeinerungen –
fing die Strafe erst richtig an.
Ich war im Gefängnis
und wollte nach meiner Entlassung ehrlich und ohne Notlüge neu anfangen, doch gabt ihr mir keine Arbeit.
Ich war im Gefängnis
und hatte nach meiner Entlassung endlich einen Arbeitsplatz gefunden, da wurde ich wieder entlassen, weil ich im Fragebogen der Firma die Frage „Vorbestraft?" mit „Nein" beantwortet hatte.
Ich kam wieder ins Gefängnis,
und da sagtet ihr, es hätte ja doch keinen Zweck, ich
gehörte zu denen, die doch immer wieder kämen.

Dieter Frettlöh

◆

Seine Grundsätze soll man für die wenigen Augenblicke in seinem Leben aufsparen, in denen es auf Grundsätze ankommt, für das meiste genügt ein wenig Barmherzigkeit.

Albert Camus

Des anderen Last tragen

„Einer trage des anderen Last", sagt das Neue Testament, „so werdet ihr das Gesetz Christi erfüllen." Das bedeutet nicht zunächst, seine Not und Mühe, sondern vor allem seine Schuld tragen, seine Unverbesserlichkeit, seine Stummheit, seine Empfindlichkeit.
Wir leben in einer Zeit, in der sich jeder bemüht wegzusehen, wenn er dem Elend begegnet, in einer Zeit, in der das Elend kaserniert wird in Massenhäusern für Kranke und Irre, Alte und Pflegebedürftige, Schwererziehbare und Gestrandete, Suchtgefährdete und Neurotische. Da aber wirkliche Gemeinschaft unter Menschen die Gemeinschaft auch in der Erfahrung des Elends erfordert, ist unsere Zeit eine Epoche der Einsamen und Verlassenen geworden. Und da die Erfahrung Gottes mit der gemeinsam bestandenen Not und Schuld zu tun hat, ruft man in unserer Zeit so viel nach Gott, ohne eine Antwort zu hören.
Es gehört aber zum Wesen des christlichen Glaubens, daß er genau an diesen Stellen die Verbindung mit den anderen Menschen sucht, und zwar nicht nur mit Leidenden, sondern auch mit Schuldigen und denen, deren Schuld und Leid unentwirrbar ineinander liegen. Es gehört gleichsam zum christlichen Wohnen, daß das fremde Schicksal eintreten darf, daß die Türen nicht verschlossen sind, sondern nur angelehnt. Es gehört der Wille dazu, lieber sich berauben zu lassen, als die Tür zu schließen, Schicksale, Leiden, Sorgen, Ängste, Bosheiten, Zweifel und Unordnung anderer eintreten zu lassen wie Gäste, soweit die eigene Kraft reicht. Nicht die Kraft des Widerstehens, sondern die des Auffangens. Das Leben wird realer dabei. Es wird schwerer. Und es wird wesentlicher.

◆

Indem wir durch den Nächsten gleichsam wie durch Luft hindurchschreiten, stürzen wir in den leeren Raum der Illusionen. Der Nächste steht uns in Wahrheit nicht „im Wege", sondern er steht am Rand des Abgrunds als Schutzengel, der uns hindert, aus den Realitäten des Lebens hinaus in die Illusion zu gleiten.

Paul Schütz

Die anderen warten auf mich.

Sie warten, daß ich etwas für sie tue,
sie warten auf meine Geduld,
auf meinen Rat und mein Wort,
auf einen Brief oder einen Besuch,
sie rechnen damit,
daß ich Zeit habe, Zeit und viel Kraft.

Es gibt so viele, die mich brauchen,
so viele, die ich kennen sollte,
die mir begegnen und erwarten,
daß ich ihren Namen weiß.

Es gibt so viele,
die bei mir eine offene Tür suchen,
einen Stuhl
und eine Stunde des Gesprächs.
Sie wollen, daß ich ihre Last mittrage,
die Last auch, die sie sich selbst sind.

Gott, ich bin ein Gast in deinem Haus.
Du hast mich aufgenommen,
du hörst mich
und trägst mit mir meine Last.
ich bin zu dir gekommen,
und du erträgst mich.

Nun bringe ich dir alle,
die zu mir kommen.
Nimm sie und mich an
mit all ihrer und meiner Last.

Du bist der Gastgeber und das Haus.
Laß mich ruhen in dir
und gib mir den Mut,
aufs neue sie alle einzulassen,
damit alle, die mich suchen,
dich finden mögen.

Jeder ein Christus

Wer wirklich betet, löst sich von aller Betrachtung seiner selbst. Das Gebet macht die eigene Seele unwichtiger und die Menschen um uns her wichtiger. Wer das Gebet als eine Art autogenes Training versteht, als eine Übung der Seele, sich zu sammeln, sich zu erheben oder sich zu vergeistigen, sich zu beruhigen oder Kräfte zu erzeugen, wird merken, daß er nicht wirklich betet, sondern um sich selbst kreist. Er wird, wenn er durch seine Übungen Kräfte gewinnt, mit diesen neuen Kräften desto ausschließlicher um sich selbst kreisen.

Wer wirklich betet, findet in irgendeiner Weise eine „Kirche" vor. Er findet Menschen und in den Menschen, um die er sich kümmert, Christus. Welcher Art, welcher Tradition, welchen Bekenntnisses diese Kirche ist, ist zunächst ohne Bedeutung. Die Menschen um ihn her sind Kirche. An ihnen wird der Betende lernen, wie sehr die Kirche Menschliches spiegelt im Guten und im Bösen. Aber er wird erfahren, daß es sich lohnt, seine besten Kräfte und Gedanken, seine Zeit und seine Freiheit in diese Kirche hineinzugeben.

Man lernt im Gebet, daß Gott uns zu allen Menschen und nicht zu einer Auswahl gesandt hat. Man wird Konfessionen nicht verachten, aber man wird mit Gelassenheit durch sie hindurchgehen. Man wird theologische Lehrmeinungen hören, aber man wird sie nicht bewundern und nicht um sie streiten. Man wird es nicht gar so wichtig nehmen, ob ein Mensch traditionell oder modern denkt, gefühlig oder rational. Man wird sich selbst gegenüber klären, was und wie man glaubt. Man wird versuchen, sich von Einseitigkeiten und Mißverständnissen freizuhalten, aber man wird seine beste Kraft nicht damit verbrauchen. Denn es ist ein Irrtum, daß die Grundlage der Kirche ihr Bekenntnis sei. Grundlage der Kirche ist die Stimme und die Gestalt des Christus, und sichtbar wird sie dort, wo einer dem anderen, wie Luther sagt, ein Christus ist. Allein wichtig an der Kirche ist darum, daß sie die Gemeinschaft des leiblichen Christus auf dieser Erde ist. Und beten heißt, in diesem leiblichen Christus praktisch leben.

Ich danke dir, Gott, daß ich nicht allein bin,
daß ich mein Elend nicht allein trage,
nicht meinen Unglauben und nicht meine innere Leere.

Denn wo ich am Ende bin,
steht das Geheimnis deiner Kirche vor mir.
Wo ich am nötigsten einen Tröster brauche,
stehst du in der Gestalt des Elenden
und verwandelst uns, die wir leiden, in Tröster,
unsere bittenden in schützende Hände.
Wo wir einsam sind, bist du nahe
in vielen Menschen,
und deine Kirche beginnt zu wachsen
wie eine Blume in der Wüste.

Ich danke dir, daß ich nicht allein bin,
sondern das Elend der anderen tragen darf.
Ich danke dir, daß du nahe bist,
so weit das Elend reicht und die Stimme des Trostes.

Du warst ein Mensch unter den Leidenden.
Wandle uns, die wir leiden, in deine Gestalt,
daß wir den Leidenden nahe sind wie du.
Daß wir jeder ein Christus sind dem,
der dich sucht.

Ich danke dir, daß wir alle ein Leib sind.
Ein Stück von dir.
Deine sichtbare Gestalt.
Deine Kirche. Dein Werkzeug.
Deine Hand. Dein Mund.

Wir danken dir, daß wir nicht allein sind.

✦

Heilige sind Menschen, durch die es den anderen leichter
wird, an Gott zu glauben.
Nathan Söderblom

Das Gebet ist ein Lob Gottes.
Es kann ein Gebet der Liebe sein,
der Verzweiflung oder der Demut.
Ich wollte,
es wäre nur eines der Liebe.

André Gide

Die Stunde wissen

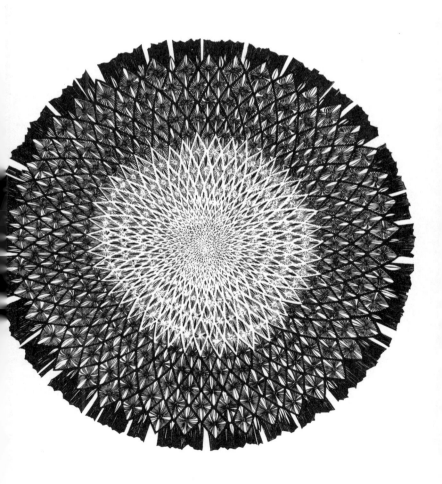

Den Rhythmus entdecken

Alles geistige Leben – und erst recht alles geistliche – hat mit dem Körper zu tun, ist auf ihn angewiesen. Der Körper aber lebt in einem bestimmten Rhythmus von Wachen und Schlafen, Morgen und Abend, Tag und Nacht, Frühjahr und Herbst, und wer ein brauchbares Instrument an ihm besitzen will, muß diese Grundbedingung seines Lebens achten.

Er wird merken, daß auch der Geist leichter gehorcht, wenn man ihm erlaubt, seinen eigenen Rhythmus einzuhalten. Wenn ich mich darin üben will, morgens ein paar Minuten lang über ein Wort oder einen Liedvers nachzudenken, wird es mir besser gelingen, wenn es regelmäßig geschieht. Der Geist funktioniert nur mit dem Körper zusammen und bedarf wie dieser eines lebendigen Rhythmus.

Der Körper lebt im Februar anders als im Juni. Er lebt morgens um vier Uhr anders als nachmittags um fünf oder abends um zehn. Das bedeutet etwas auch für Geist und Seele. Morgen- und Abendstunden sind – geistig gesehen – keineswegs gleichwertig, wie es nicht gleichgültig ist, ob jemand mit leerem oder vollem Magen nachdenkt, ob er ausgeschlafen oder abgehetzt zu den Menschen kommt. Beruhigungs- und Anregungsmittel helfen gar nichts, wenn sie nicht das Ab und Auf unterstützen, das im Körper ohnehin geschieht.

Es ist wichtig, daß, wer beten lernen will, bei sich selbst die Bedingungen entdeckt, unter denen Leib und Geist dies am willigsten tun. Sie sind nicht bei allen Menschen dieselben, auch wenn man sagen darf, daß aufs Ganze gesehen der späte Abend bei uns heutigen Menschen eine zu gewichtige Rolle spielt und der Morgen zu unfruchtbar ist. Die Zeit ist kein Kalender, sondern ein Fluß, eine ständige, sehr gleichmäßige Wellenbewegung, in der zu leben leicht oder schwer sein kann. Wer im Meer schwimmt, merkt, daß er sich eine Stunde lang mühelos hält, wenn es ihm gelingt, sich dem Rhythmus der Wellen einzufügen, und daß er nach einer halben Stunde am Ende seiner Kraft sein kann, wenn ihm dies nicht gelingt. Wer den Schritt seines Pferdes nicht aufnimmt, wird nie ein Reiter.

Worte zum Nachdenken:
Kaum etwas ist so verschieden wie das Zeitmaß, in dem die einzelnen einer Sache innewerden, sich entscheiden und handeln. Der Langsame meint vom Raschen, er haste. Der Schnelle meint vom Bedächtigen, er säume. Wer weiß, ob sie im Himmel sich verstehen werden?
Der ärgste Feind der Zeit ist die Hast. Sie läßt nichts recht tun und macht darum Stück um Stück unserer Zeit zuschanden. Tue nie etwas in Hast und widersetze dich allem Drängen. Du willst, was du tust, recht tun. Tue aber alles, was du tust, in so wenig Zeit, als dir nur möglich ist. Du hast noch viel zu tun.
Viele meinen, sie gewönnen Zeit durch Eilen und durch Abbruch am Schlaf. Auf die Dauer ist das sicher ein schwerer Irrtum.
Lebe so, als müßtest du morgen sterben, und lebe gleichzeitig so, als hättest du noch ungemessen Zeit. Den Worten nach ist das ein Widerspruch, in der Wirklichkeit geht es gut zusammen.
Wenn es sehr eilt, dann setz dich hin und tue einen Augenblick gar nichts. Es geht auch so.
Die Leute, die viel Wichtiges zu tun haben, finden immer noch Zeit für andere. Diejenigen, die ihre Zeit mit Nichtigem verspielen, haben nie Zeit.
Mit fremder Zeit soll man immer sparsam umgehen.
Kannst du auch ein paar Tage ganz nach freier Wahl ausfüllen? Ich habe noch wenige gesehen, die es konnten. Dem, der sich Tag um Tag fröhlich geben läßt, was er mit seiner Zeit machen soll, dem ist das Los auf das Liebliche gefallen.
Wenn du Trost oder Hilfe oder Liebe geben kannst, dann räume mit kräftigem Arm alles auf die Seite, was dich hemmen will, und sei mit deiner Zeit ein Verschwender. Dann ist hohe Zeit.
„Er hat Zeit für mich gehabt." Vor Gottes Thron wird kaum größeres Zeugnis von dir gegeben werden können.

Ludwig Köhler

Umgang mit der Zeit

Ein Südseehäuptling spricht über den weißen Mann:

Der Papalagi ist immer unzufrieden mit seiner Zeit, und er klagt den großen Geist dafür an, daß er nicht mehr gegeben hat. Ja, er lästert Gott und seine große Weisheit, indem er jeden Tag nach einem ganz gewissen Plan teilt und zerteilt. Er zerschneidet ihn gerade so, als führe man kreuzweise mit einem Buschmesser durch eine weiche Kokosnuß. Alle Teile haben ihren Namen: Sekunde, Minute, Stunde. Die Sekunde ist kleiner als die Minute, diese kleiner als die Stunde, und man muß sechzig Minuten und noch viel mehr Sekunden haben, ehe man soviel hat wie eine Stunde.
Es gibt in Europa nur wenige Menschen, die wirklich Zeit haben: Vielleicht gar keine. Daher rennen auch die meisten durchs Leben wie ein geworfener Stein. Fast alle sehen im Gehen zu Boden und schleudern die Arme weit von sich, um möglichst schnell voranzukommen. Wenn man sie anhält, rufen sie unwillig: „Was mußt du mich stören; ich habe keine Zeit, sieh zu, daß du die deine ausnützt." Sie tun gerade so, als ob ein Mensch, der schnell geht, mehr wert sei und tapferer als der, welcher langsam geht.
Ich glaube, die Zeit entschlüpft ihm wie eine Schlange in nasser Hand, gerade weil er sie zu sehr festhält. Er läßt sie nicht zu sich kommen. Er jagt immer mit ausgestreckten Händen hinter ihr her, er gönnt ihr die Ruhe nicht, sich in der Sonne zu lagern. Sie soll immer ganz nahe sein, soll etwas singen und sagen. Die Zeit aber ist still und friedfertig und liebt die Ruhe und das breite Lagern auf der Matte. Der Papalagi hat die Zeit nicht erkannt, er versteht sie nicht, und darum mißhandelt er sie.

Und Jesus sagt:

Macht euch keine Sorgen um den morgigen Tag, denn der morgige Tag wird für sich selbst sorgen. Es ist genug, daß jeder Tag seine eigene Plage hat.

Matthäus 6, 34

„Meine Zeit steht in deinen Händen" (Psalm 31).
Diese Zeile habe ich jetzt in dieser Krankheit gelernt und will
sie korrigieren, denn ich bezog sie früher nur auf die Todes-
stunde. Sie soll aber heißen: In deinen Händen sind meine
Zeiten, mein ganzes Leben, alle Tage, Stunden und Augenblicke.

Martin Luther

Schöpfer meiner Stunden und meiner Jahre,
du hast mir viel Zeit gegeben.
Sie liegt hinter mir
und sie liegt vor mir.
Sie war mein und wird mein,
und ich habe sie von dir.
Ich danke dir für jeden Schlag der Uhr
und für jeden Morgen, den ich sehe.

Ich bitte dich nicht, mir mehr Zeit zu geben.
Ich bitte dich aber um viel Gelassenheit,
jede Stunde zu füllen.

Ich bitte dich, daß ich ein wenig dieser Zeit
freihalten darf von Befehl und Pflicht,
ein wenig für Stille,
ein wenig für das Spiel,
ein wenig für die Menschen am Rande meines Lebens,
die einen Tröster brauchen.

Ich bitte dich um Sorgfalt,
daß ich meine Zeit nicht töte,
nicht vertreibe, nicht verderbe.
Jede Stunde ist ein Streifen Land.
Ich möchte ihn aufreißen mit dem Pflug,
ich möchte Liebe hineinwerfen,
Gedanken und Gespräche,
damit Frucht wächst.
Segne du meinen Tag.

Morgen

Die großen Lehrer der Meditation und des geistlichen Lebens weisen uns immer wieder auf die erste Morgenstunde hin und sagen: Nimm den Anfang des Tages wahr, er ist die Stelle, an der du die Ewigkeit berührst.
In der Tat wäre uns in vielen Nöten und Krankheiten des Leibes und der Seele geholfen, wenn es uns gelänge, die erste Morgenfrühe von Eile, von Lärm und Ärger freizuhalten. Der Lauf des Tages hängt im allgemeinen nicht von unseren persönlichen Vorstellungen ab. Er wird uns aufgezwungen. Aber der Anfang sollte uns gehören. Der Morgen ist mehr die Stunde der seelischen Aktivität, der Phantasie, der originalen Gedanken und Einfälle. Der Abend ist mehr die Zeit des Aufnehmens, der Gefühle und Stimmungen. Wieviel Eigenes wir dem Zwang und der Überfremdung des Tages entgegenzubringen haben, entscheidet sich in seiner Frühe.
Zwei Gedanken rahmen den Tag: Am Morgen denken wir dem Wort „Liebe" nach, das den Willen ordnet, die Phantasie beflügelt und die Tat vorbereitet. Am Abend erwartet uns das Wort „Friede", das Mißmut und Enttäuschung, Müdigkeit und Überreiztheit auffängt.
Morgens könnten wir dem Wort Jesu nachgehen: „Ich komme vom Vater", abends sein Wort aufnehmen: „Ich gehe zum Vater." Dazwischen liegt ein Tag, an dem er uns auf dieser Erde begleitet. Am Ende folgt eine Nacht, in der wir mit ihm heimkehren in das „Haus des Vaters". Dann mag der Tag wichtig sein oder unwichtig, schön oder voller Last, wir fassen ihn in die Liebe und den Frieden Christi ein und legen am Ende alles, was gewesen ist, in seine Hand.

◆

Johannes erzählt die hintergründige Geschichte von der Erscheinung Jesu am See in der Osterzeit, die wir in der Frühe bedenken können: „Als es aber Morgen wurde, stand Jesus am Ufer. Er sprach zu ihnen: Werft das Netz zur Rechten des Schiffs, so werdet ihr finden. Da warfen sie und konnten es nicht mehr ziehen vor der Menge der Fische" (Johannes 21, 4.6).

Gott, ich preise dich,
du bist der Morgen und der Abend,
der Anfang und das Ende der Zeit.
Dir danke ich für die Ruhe der Nacht
und das Licht eines neuen Tages.
Leib und Seele sind dein,
von dir ist alles, was geschieht.

Herr, Jesu Christus, du Licht der Welt,
du bist der Weg, den ich heute gehe,
du bist die Wahrheit, die mich leitet,
du bist das Leben, das ich finde.
Gib mir deine Liebe,
daß ich dich wiederfinde in den Menschen.
Gib mir Geduld und Gelassenheit
und bewahre mich in deiner Liebe.

Du schöpferischer Geist,
wecke meine Sinne und Gedanken,
gib mir Phantasie und Klarheit,
ein empfindliches Gewissen,
das rechte, helfende Wort
und das sorgsame Tun,
daß ich etwas Nützliches schaffe
und dieser Tag nicht verloren ist.

Heiliger Gott,
was du mir schickst, will ich annehmen,
Erfolg und Mißerfolg, Freude und Mühsal.
Ich bitte dich für alle,
die diesen Tag mit Sorge beginnen,
mit Angst oder Schmerzen.
Begleite uns, schütze uns, bewahre uns.
Ich danke dir für deinen neuen Tag.

◆

Es segne und behüte uns
Gott, der Allmächtige und Barmherzige,
Vater, Sohn und Heiliger Geist.

Tagsüber

Es hat sich im Laufe der christlichen Tradition eingebürgert, den Tag vom Morgen- und Abendgebet und vom Tischgebet her zu gliedern. Das Tischgebet ist gut, aber fast nirgends mehr wirklich ein Gebet. Es könnte heute hilfreich sein, den Tag über sich immer wieder zu sammeln und eine Minute lang einfach Gott „gegenüber zu sein", ohne viel zu reden. Wir brauchen Gott ja nicht mitzuteilen, was in dieser Stunde um uns her geschieht oder welchen Schwierigkeiten wir in diesem Augenblick ausgeliefert sind. „Euer Vater weiß, was ihr braucht, ehe ihr ihn bittet", sagt Jesus. Wir brauchen ihn nicht daran zu erinnern, daß wir da sind, oder ihn aufzufordern, uns zu hören. Was wichtig ist, das ist, mit „ganzem Herzen, mit ganzer Seele und allen Kräften" ein paar Augenblicke in seiner Gegenwart dazusein, und wenn ein Wort uns dabei helfen kann, dann sollte es so kurz und einfach sein, daß wir es – ohne es nachlesen zu müssen – zwei- oder dreimal sagen können, bis wir ganz „in diesem Wort" sind. (Auf Seite 55 sind einige Beispiele gegeben.) Und zuletzt käme es darauf an, ohne die Gegenwart Gottes zu vergessen, wieder mitten in der Arbeit zu sein.

◆

Der Mensch soll seine Arbeit einfach und nüchtern tun. Er soll dabei der bleiben, der er ist, und soll Gott in sich hereinnehmen und oft vor ihm gegenwärtig sein, innig und gesammelt. Und so lerne er Gott in das Werk tragen.

Johannes Tauler

Es ist viel schwerer, einen Tag von Anfang bis Ende in voller Aufmerksamkeit durchzuhalten als ein Jahr in großen Absichten und hochfliegenden Plänen.

Christian Morgenstern

Als ein Schüler dem Gerer Rabbi klagte, daß er unablässig lerne, bete, sich mühe, gut zu sein und Gutes zu tun, und dennoch nicht merke, daß er dadurch wahrhaft Gott näher komme, antwortete dieser: „Es ist im Namen Elias gelehrt: Der Mensch nehme den Willen Gottes auf sich, wie ein Ochs sein Joch und ein Esel seine Last. Sieh, wie der Ochs des Morgens aus dem Stall auf das Feld geht und pflügt und heimgeführt wird, und so Tag um Tag und nichts ändert sich ihm, aber das gepflügte Feld bringt seine Frucht."

◆

Irgendwann am Tag:

Es sind viele Menschen um mich. Irgendwo in der Stadt, in der Bahn oder im Büro. Und ich bleibe stehen und denke: „Der Friede Gottes, welcher höher ist als alle Vernunft, bewahre unsere Herzen und Sinne in Christus Jesus, unserem Herrn."

Ich schließe am Arbeitsplatz für eine halbe Minute die Augen und sage: „Vater im Himmel, dein Wille geschehe." Oder: „Dein ist das Reich und die Kraft und die Herrlichkeit in Ewigkeit. Amen." Oder: „Nichts kann uns scheiden von der Liebe Gottes, die uns in Christus begegnet, unserem Herrn."

Ich gehe zu einer schwierigen Besprechung. An der Tür, ehe ich eintrete, nehme ich die Klinke in die Hand und sage: „Christus spricht: Ich bin die Tür" und trete ein.

◆

Simone Weil über das Vaterunser:

Dieses Gebet enthält alle je möglichen Bitten. Man kann kein Gebet ersinnen, das nicht schon darin beschlossen wäre. Es ist unmöglich, es einmal zu sprechen und dabei auf jedes Wort die ganze Aufmerksamkeit zu richten, ohne daß in der Seele eine vielleicht unendlich kleine, aber tatsächliche Veränderung bewirkt wird.

Abend

Am Abend suchen wir den Frieden. Wir suchen die Güte Gottes nach allem Streit. Seine Geduld nach aller Eile. Nicht was wir sagen, ist dabei wichtig, sondern was wir hören. Nicht was wir mitbringen, sondern was wir empfangen. Denn das Gebet ist mehr als nur ein Sprechen. Es ist ein Sein, ein Leben in Gott. Es ist Bewahrung, Geborgenheit und dann – wenn es sich fügt – auch ein Reden des Herzens oder des Geistes mit dem so nahen Gott.

◆

Gott,
du allein weißt, was dieser Tag wert war.
Ich habe vieles getan und vieles versäumt.
Ich habe vieles versucht und vieles nicht vollendet.
Ich habe aus Unglauben gehandelt und entschieden
und bin den Menschen viel Liebe schuldig geblieben.

Ich möchte allen vergeben, die mir Unrecht getan haben.
Ich möchte von allem Haß, allem Neid
und aller Verachtung frei sein.
Vergib du auch mir alle meine Schuld.
Ob dieser Tag Frucht gebracht hat, weiß ich nicht.
Du allein siehst es.
Du allein kannst meine Mühe segnen.

Gott, ich kann dir nichts geben
zum Dank für diesen Tag,
als daß ich den kommenden aus deiner Hand nehme.
Gib mir einen neuen Tag und verlaß mich nicht.

Ich danke dir in dieser Abendstunde,
daß du mich heute behütet hast.
Behüte alle, denen ich heute begegnet bin,
gib das Licht deiner Liebe allen, die ich liebhabe,
und allen, deren Last ich tragen soll.

„Ich gehe zum Vater", hast du zu den Deinen gesagt.
Ich bitte dich, daß ich dir folgen darf.
Dein bin ich im Licht des Tages und im Dunkel der Nacht,
bis du mich heimrufst in deinen Frieden.

Unser Abendgebet steige auf zu dir, Herr,
und es senke sich auf uns herab dein Erbarmen.
Dein ist der Tag und dein ist die Nacht.
Laß, wenn des Tages Licht verlischt,
das Licht deiner Wahrheit uns leuchten.
Geleite uns zur Ruhe der Nacht
und dereinst zur ewigen Vollendung
durch unseren Herrn Jesu Christus.

Kirchengebet

✦

Bleibe bei uns, Herr,
denn es will Abend werden,
und der Tag hat sich geneigt.

Bleibe bei uns und bei allen Menschen.
Bleibe bei uns am Abend des Tages,
am Abend des Lebens, am Abend der Welt.

Bleibe bei uns mit deiner Gnade und Güte,
mit deinem Wort und Sakrament,
mit deinem Trost und Segen.

Bleibe bei uns, wenn über uns kommt
die Nacht der Trübsal und Angst,
die Nacht des Zweifels und der Anfechtung,
die Nacht des bitteren Todes.

Bleibe bei uns und bei allen deinen Kindern
in Zeit und Ewigkeit.

Kirchengebet

✦

In deine Hände befehlen wir unseren Geist.
Du hast uns erlöst, Herr, du treuer Gott.
Bewahre uns in dieser Nacht nach deiner Gnade,
beschirme uns unter dem Schatten deiner Flügel.
Gepriesen sei, der da war und der da ist und
der da kommt.
Lob und Preis sei ihm in Ewigkeit. Amen.

Kirchengebet

In der Nacht

Der Wechsel von Tag und Nacht hat für uns nicht mehr die elementare Bedeutung wie für unsere Vorfahren. Der Abend bringt nicht unbedingt das Ende unserer Arbeit. Die Nacht hat nichts Bedrohliches mehr. Der Morgen beginnt ohne Rücksicht auf den Aufgang der Sonne. Immer mehr scheint es nötig zu werden, daß wir wenigstens in den kurzen Wochen des Urlaubs dann und wann auch die Erfahrung der Nacht machen. Von einer Almweide aus könnte man eine Stunde lang oder zwei das Wandern der Sterne beobachten. Sich die Namen von zehn oder zwanzig Sternbildern einprägen und ihren Weg verfolgen. Man macht sich klar, daß diese Sterne ja unter dem Horizont weiter kreisen. Man stellt sich vor, die Erde sei nicht da. Man befindet sich also nicht unter einer Kuppel, sondern in der Mitte eines nach allen Seiten unendlichen Raums. Und man läßt die Sterne in ihrem vollen Umlauf um sich kreisen. Es ist eine Meditationsübung von hoher Bedeutung.

Es mag uns dabei auch deutlich werden, wie zufällig wir das Jahr über jeden Abend in den Schlaf hineingeraten, wie haltlos und ungeordnet wir uns in die geheimnisvolle, elementare Welt der Träume hineintreiben lassen. Es ist nicht nur eine Sitte, die man auch preisgeben dürfte, sondern eine unentbehrliche Hilfe zum Frieden, abends mit einem guten Wort einzuschlafen und morgens mit ihm aufzuwachen.

Bleibe bei uns und behüte uns
in den schweigenden Stunden der Nacht.
Müde sind wir von viel Mühe und Sorge.
Laß uns ruhen in dir. Amen.

Heiliger Gott,
gib uns den Frieden der Ewigkeit,
den Morgen ohne Abend, das Licht ohne Nacht.

Die Zeit berührt dich nicht,
aber du gibst die Zeit.
Gib uns Frieden im Kreisen der Jahre und Tage
und den Frieden am Ende der Zeit.

✦

Ich bitte dich für alle Menschen,
die den Tag im Streit beendet haben.
Zeige uns allen Wege zum Frieden auf dieser Erde.

Ich bitte dich für alle, die jetzt arbeiten,
für alle, die auf den Straßen fahren,
für alle, die in den Krankenhäusern wachen.

Ich bitte dich für alle, die keinen Schlaf finden,
für die Kranken und Schwermütigen,
die Verlassenen und die Gefangenen.

Du wachst, Gott, mit den Wachenden.
Du bist der Schlaf der Schlafenden
und das Leben der Sterbenden.

✦

Gott, du hast uns zu dir geschaffen,
und unser Herz ist unruhig,
bis es Ruhe findet in dir.

Dein ist das Licht des Tages.
Dein ist das Dunkel der Nacht.
Das Leben ist dein und der Tod.
Ich selbst bin dein und bete dich an.

Laß mich ruhen im Frieden,
segne den kommenden Tag
und laß mich erwachen, dich zu rühmen.

Schluß der Woche

Der Tag ist vergangen. Unser Werk ist vollbracht.
Eine Woche geht zu Ende. Es ist Abend;
laßt uns stillhalten, denn Gott ist nahe.

Unser Gott, auf dem letzten Weg dieser Woche
suchen wir deinen Frieden.
Nimm von uns die Hast unserer Arbeit,
die Unrast unserer Gedanken,
die Angst unseres Herzens,
denn wir wollen frei sein für deine Liebe,
offen für dein Licht,
bereit für dich, der so nahe ist.

Du hast uns die Gnade verliehen,
unter deinem Schutz diese Woche zu vollenden.
Wir danken dir für alles Gelingen
und bitten dich um deinen Segen.

Du kennst die dunklen Stunden,
die wir verbergen möchten,
und es ist doch nichts verborgen vor dir.
Hilf uns der Wahrheit standhalten
und deinem Gericht.

Wir bekennen vor dir,
daß wir Unrecht getan haben
in Gedanken, Worten und Werken,
in Trägheit des Herzens.
Wir sind vielen viel schuldig geblieben.
Wir haben unsere Zeit verbraucht, als gehöre sie uns.
Wir haben unsere Kräfte für Unwichtiges vergeudet
und unser Glück an uns gerissen,
als hätten wir nicht zu danken.

Wir bitten dich: Erbarme dich unser.
Vergib uns Lieblosigkeit und Unglauben
und alle Schuld an dir und den Menschen
und laß uns heimkehren zu dir,
der unser Trost ist in dieser Zeit und in Ewigkeit.

Nach einem Kirchengebet

Du Geber aller Freude und allen Glücks,
du Sonne dieser Welt und der Welt, die kommt!
Wir danken dir für jeden schönen Tag,
für jeden glücklichen Augenblick
und jede Stunde, die wir erleben,
für alle Aufgaben, alle Begegnungen und Erfahrungen.
Wir danken dir für dieses reiche Leben.

✦

Bleibe bei mir auch in der kommenden Woche.
Laß mich eines lernen, heiliger Gott:
daß ich kein Übermensch bin.
Mein Kräfte haben Grenzen,
und viel bleibt unfertig
an meinem Werk und an mir selbst.
Das laß mich lernen:
daß nichts in dieser Welt ganz fertig zu werden braucht.

Das laß mich lernen:
einen Tag zu beenden und eine Woche,
damit ich lerne, einmal zu sterben.
Laß mich lernen, ja zu sagen
zu meiner Schwäche und zur Kürze der Zeit,
und dazu, daß ich entbehrlich bin.

Vielleicht war dies die letzte Woche,
die ich vollenden durfte.
Gott, ich möchte wach sein, wenn du mich rufst
und mein Leben sich seinem Ende zuneigt.
Rufe du mich, wenn es dir gefällt.

✦

Nichts sind wir ohne dich, Gott.
Voll Angst sind wir, wenn du schweigst.
Unser Trost ist, daß du uns nicht verlassen wirst.
Dein sind wir, ewiger Gott,
heute und morgen und in Ewigkeit.

Sonntag

Nach alter Sitte soll man den Sonntag heiligen, das heißt von Arbeit freihalten, und den Gottesdienst mitfeiern. Die Sitte verliert von Jahr zu Jahr an prägender Kraft, auch für Christen. Wir brauchen den zerstörten Sonntag von heute, der aus Schlaf, Langeweile, Ausfahrt und Fernsehen besteht oder aus fortgesetzter Arbeit, die in der Woche nicht fertig wurde, nicht zu geißeln. Es genügt, daß wir unsere eigene Woche prüfen. Woher kommt es, daß der Gottesdienst nur selten noch die Kraft hat, einem Sonntag das Gesicht zu geben oder gar in eine Woche hineinzuwirken? Vielleicht daher, daß wir dem Sonntag zumuten, alles aufs schnellste zu reparieren, was in der Woche vorher fahrlässig verdorben wurde. Vielleicht daher, daß der Sonntag der christlichen Sitte seinen Sinn hatte im Zusammenhang einer Woche, in der es jeden Tag ein Mittagläuten und einen Abendsegen gab.
Unser Sonntag ist überfordert. Ein Arzt heilt nicht in einer Woche, was an einem Körper in zehn Jahren gesündigt wurde. Sechs Stunden Nachtschlaf gleichen die Rastlosigkeit der übrigen achtzehn nicht aus. Vier Wochen Urlaub füllen die Kräfte nicht auf für elf hastige Monate. Eine Stunde Gottesdienst sammelt den nicht, der eine Woche lang fahrig und zerrissen gelebt hat. Der beste Prediger und die schönste Liturgie schaffen es nicht.
Ob der Sonntag seinen Sinn behält, entscheidet sich in den Werktagen. Ob wir den Werktag bewältigen, hängt daran, ob wir Zeiten kennen, in denen wir wirklich zu Stille und Sammlung, zum Hören und Nachdenken, Beten und Feiern kommen. Vielleicht kommen wir eines Tages so weit, daß wir uns alle vier Wochen zwei ganze Tage zurückziehen, irgendwohin, wo im Rahmen einer geistlichen Gemeinschaft konzentriert gelebt wird, wie ja evangelische und katholische Orden schon heute stille Tage anbieten für gehetzte Menschen von heute.
Was aber unseren Sonntag betrifft, so könnten wir dem Gottesdienst eine breitere Grundlage geben, einen Zusammenhang mit dem übrigen Tag, durch das Gebet am Morgen und das Gebet am Abend.

In der Frühe suche ich dich,
wunderbarer und heiliger Gott,
Licht, ewiger Glanz, schaffende Kraft,
und danke dir für deinen Tag.

Du schaffst Licht in der Finsternis,
Freude in den Traurigen, Trost in den Schwermütigen,
Klarheit in den Verwirrten, Leben in den Schwachen.
Schaffe Licht auch in mir in der Frühe deines Tages.
Dein Wort ist das Licht. Rede zu mir.
Deine Wahrheit ist das Leben,
schaffe Leben in mir,
daß ich den Tod nicht fürchte.

Ich bitte dich um Licht für alle Menschen,
die Guten und die Bösen,
um Frieden bitte ich dich für eine friedlose Welt,
um Erbarmen für eine Welt des Hasses
und der Armut des Herzens.
Sei du uns nahe, damit wir dir nahe sind.
Heile uns, geleite uns, segne uns.
Wir danken dir für deinen Tag.

✦

Herr, laß schweigen, was du nicht selbst in mir redest,
laß still stehen, was du nicht selbst bewegst,
nimm die Stelle ganz ein, die jetzt ich bin,
und tue in mir und durch mich, was dir gefällt.

Laß dieses Ich untergehen
und sei du allein alles in allem.
Führe so mich ganz aus mir selbst
und aus dem Meinen heraus in dich,
o mein Gott, mein Ursprung und mein Ende.

So bin ich nicht mehr im Schein, sondern im Wesen,
von allem Übel erlöst und frei
und ehre dich und verherrliche dich allein. Amen.

Nach Gerhard Tersteegen

Rückblick auf ein Jahr

Ein Gebet aus Ghana:

Herr,
Allmächtiger,
Unendlicher, Schöpfer, Vollender,
ein Jahr ist für dich nur ein Augenblick.
Doch für uns
ist es 365 Tage lang,
breit und tief,
unübersehbar.

Herr,
jedes Jahr ist vollgepackt für uns,
im voraus,
mit Gutem und Bösem.
Du bist der Herr des Jahres,
Wir sind bangende Knechte der Zeit.

Herr,
doch eins ist wahr,
jedes Jahr
bringt uns näher zu dir.
Menschen werden älter
mit jedem Jahr,
doch Christen werden jünger.

Ein Jahr liegt hinter uns,
abgefahren.
Straße schnurgerade durch Savannen,
Kurven über steile Hügel,
Schlaglöcher, Pannen,
verpaßte Anschlüsse und Gelegenheiten.
Herr,
wegen dieser verpaßten Gelegenheiten
könnte ich verzweifeln,
wenn du nicht vergeben würdest.

Herr,
jeden Tag ist deine Gnade neu,
seit dem Regenbogen,
und deine Güte
seit Jesus Christus.
Der Teufel
und seine Gefährten
schleppen sich durch die Jahre,
werden elender mit jedem Tag;
doch wir wachsen mit deiner Sonne,
mit deinem Geist.

Herr,
wie du die Haare auf meinem Kopf
gezählt hast,
so hast du auch meine Tage gezählt,
die Minuten und Sekunden.

Herr,
um Gesundheit bitte ich dich,
um etwas mehr Geld,
um Hunger auf dein Wort,
um dein Wort bitte ich dich.
Amen.

◆

Herr, gib mir die Kraft,
alles zu tun, was du von mir verlangst.
Dann verlange von mir,
was du willst.

Augustin

Realistische Sorglosigkeit spricht aus dem Gebetswunsch, der uns aus der Ukraine überliefert ist:

Gott schicke den Tyrannen Läuse,
den Einsamen Hunde,
den Kindern Schmetterlinge,
den Frauen Nerze,
den Männern Wildschweine,

uns allen aber einen Adler,
der uns auf seinen Fittichen
zu ihm trägt.

Gegenwärtig sein

Es ist schon längere Zeit her. Fahrzeug hinter Fahrzeug in dichter Folge auf beiden Spuren der Autobahn, mit hoher Geschwindigkeit. Da tauchte für zwei Sekunden ein Bild auf, das sich mir eingegraben hat: Eine schmale, dunkle Katze saß auf dem weißen Strich zwischen den heulenden Kolonnen, den Hals vorgestreckt, die Augen geschlossen. Wie aus einem Wasserhahn lief das Blut, ein dünnes, zitterndes Rinnsal, aus ihrem Maul. Dann war sie hinter mir – vor den Augen anderer Fahrer.
Was sollte ich tun? Anhalten? Zurückgehen, den Verkehr unterbrechen und das Tier ins Gras legen? Ich tat es nicht. Ich fuhr weiter und bin überzeugt, daß auch hinter mir niemand anhielt. Man kann ja nicht überall, wo Angst, Schmerz oder Klage sind, anhalten, zurückgehen und den Lauf der Dinge unterbrechen, um irgend etwas zu tun, von dem man nicht einmal sicher ist, daß es Sinn hat.
Das Bild blieb mir nicht nur wegen der Katze, sondern wegen uns Christen. Das Leben, die Arbeit und das Vergnügen laufen bei uns, die Panzer, die Kultur und die Fernlastzüge laufen. Und da begegnet man einer Notiz über ein Erdbeben, eine Überschwemmung, einen Krieg, man sieht auf einem Plakat ein hungerndes Kind, einen Flüchtling auf irgendeiner Straße oder eine Frau vor einem zerstörten Haus. Man sieht das Bild und – fährt weiter.
Was soll man auch tun? Niemand kann von uns verlangen, daß wir überall helfen. Das Leben hat sein eigenes Gesetz. Und zudem: Was will die Katze auf der Autobahn? Warum stürzen sich die Afrikaner mit ihren Stammeskriegen immerfort selbst in neues Unheil?
Aber die Bilder nimmt uns niemand ab. Unsere Welt ist unteilbar. Sie ist gegenwärtig von einem Ende zum anderen. Wer beten will, tut es, ob er es sich deutlich macht oder nicht, angesichts einer Welt voller Tatsachen und Geschehnisse, die ihn betreffen. Er betet mit den Bildern vor Augen, die sich ihm darbieten, als Mensch zwischen Menschen – politisch sozusagen – oder er verfehlt seinen Platz vor Gott.

Wo, um Gottes willen, können wir eine Beschränkung des göttlichen Plans entdecken und sagen, daß der große Reichtum der Erde hauptsächlich zum Wohl von 20 Prozent der Erdbewohner bestimmt ist? Wo finden wir das Wort Christi, das uns gebietet, den Hungernden zu essen zu geben – vorausgesetzt, daß sie in England wohnen, und die Nackten zu kleiden – vorausgesetzt, daß sie Deutsche sind, und den Obdachlosen Unterkunft zu geben – vorausgesetzt, daß es sich um Holländer handelt? ... In unserer riesigen Welt stecken wir noch mitten im „Stammesdenken". Das Kind, das im entfernten Bihar verhungert, ist nicht unser Kind. Die Millionen ohne Land und Brot in Lateinamerika stehen jenseits der Grenzen unserer Vorstellungskraft. Die mitleiderregenden Anstrengungen afrikanischer Analphabeten gehen uns nichts an. Für uns reicht die Menschheit, für die wir uns verantwortlich fühlen, nur bis an die Grenzen unseres Landes.

Barbara Ward

◆

Christus, du hast gesagt:
„Ihr seid das Licht der Welt.
Man setzt ein Licht nicht unter einen Kessel,
sondern auf einen Leuchter, damit man es sieht."
Aber wir haben Mühe,
in unsere eigenen Kammern Licht zu bringen,
und in uns selbst ist viel Dunkelheit.
Du bist das Feuer.
Du bist das Licht und die Wahrheit.
In dir sehen wir unseren Auftrag.
Laß uns in dir mitbrennen,
daß wir von deiner Liebe zehren
und deinen Frieden leuchten lassen
bis zum letzten, fernsten Menschen.
Niemand von uns kann das allein.
Aber wir alle, wenn wir in dir leben,
sind das Licht der Welt.

Fürbitte

Wer betet, empfindet unmißverständlich, daß er mit Gott eins ist in dem Maß, in dem andere Menschen ihm am Herzen liegen. Er sagt: „Unser Vater im Himmel" und nicht „Mein Vater".

Fürbitten heißt alle zu Gott mitnehmen, die uns am Herzen liegen, alle, die wir kennen, oder alle, von denen wir wissen, daß sie eines Menschen bedürfen, der sie vor Gott hin mitnimmt. Es heißt aber auch: diesen Menschen selbst näherkommen. Es gibt nicht nur ein Kennen von Mensch zu Mensch, sondern auch ein Kennen auf dem Umweg über die Augen Gottes. Das Licht Gottes fällt gleichsam auf das Gesicht des Menschen neben mir und macht es klarer, deutlicher, verständlicher. Fürbitten heißt auch: die Gnade empfangen, lieben zu können. Indem ich mit einem anderen Menschen zusammen vor Gott stehe und er mir verständlicher wird, entsteht Liebe zu ihm. Ich beginne, mit ihm zu leben, mich mit ihm zu ängstigen, mit ihm zu trauern, mich mit ihm zu freuen, mit ihm zu hoffen.

Fürbitten heißt nicht immer, für einander bestimmte Bitten aussprechen. Paulus sagt manchmal statt fürbitten auch: „Ich gedenke euer in meinem Gebet" (Philipper 1). Man wird, statt für Menschen zu bitten, manchmal einfach bei ihnen verweilen, an sie denken und sie so ins Gebet mitnehmen. Man wird einen weiten Bogen ziehen um alle, die unseres Gedenkens bedürfen, und sie vor Gott nennen.

Fürbitten heißt aber auch: sich bereit machen zu einem bestimmten Tun. Man gedenkt eines Menschen und seiner Not und sucht vor Gott nach Klarheit über die Hilfe, die hier nötig ist. Man bereitet sich auf die Tat vor. Hier ist allerdings wesentlich, daß unsere Wörter deutlich bleiben. Solange wir von „Gebet" sprechen, meinen wir nicht Diskussion, nicht Planung, nicht Aktion. Wir meinen Gebet. Und beten ist etwas anderes als nachdenken, arbeiten oder protestieren, auch wenn wir im Gebet für *andere* beten oder Klarheit suchen über das praktische Handeln, Klarheit für das Gewissen und unsere Entschlüsse.

Die Kirche hat nur zu tun, was zu ihrem eigentlichen Auftrag gehört, und nichts, was sie wirklich zu tun hat, ist etwas „Uneigentliches". Es gibt hier nicht eine Unterscheidung von Hauptsache und Nebensache, sondern höchstens eine von Zentrum und Peripherie. Im Zentrum steht der Glaube, auf der Peripherie liegen die Werke: im Zentrum das Evangelium, auf der Peripherie die Politik; im Zentrum das Heil, auf der Peripherie das Wohl des Nächsten. Auf der Peripherie kommt an den Tag, was im Zentrum geschehen ist.

Helmut Gollwitzer

Ich bin reich an allem,
was ich zum Leben brauche.
Ich gedenke aller, die im Elend leben.

Ich habe keinen Mangel an Kleidern.
Ich gedenke aller Frierenden
und aller Ungeschützten.

Ich habe Schuhe an meinen Füßen
und gedenke aller nackten Füße
auf den Straßen und im Staub dieser Welt.

Ich bin gesund und habe einen Arzt.
Ich gedenke der Kranken
und aller, die sterben, weil niemand ihnen hilft.

Ich lebe im Frieden
und gedenke aller, die zertreten und zerrissen werden
durch die Maschine des Krieges.

Ich stehe vor dir, Gott, als dein Kind.
Aller derer gedenke ich, die verzweifeln,
weil sie dich nicht kennen,
dich, den Liebhaber aller Menschen.

Bescheid wissen

Wer für andere Menschen bittet, kann dies tun, auch wenn er sie nicht kennt. Daß das Gebet nur Sinn habe, wenn ihm genaue Sachkenntnis zugrunde liege oder eine zutreffende Nachricht das Thema eingegeben habe, wie heute vielfach zu hören ist, würde bedeuten, daß das Gebet eines Einsamen oder Einsiedlers oder das Gebet einer Mutter für ihren entfernten, unerreichbaren, entfremdeten Sohn sinnlos sei. Man kann für Menschen in Not bitten, ohne Einzelheiten dieser Not zu kennen, und verläßt sich dabei darauf, daß Gott sie kennt.

Information ist dagegen unentbehrlich, wenn wir handeln oder gerecht über Notstände oder über die Schuld beteiligter Menschen urteilen wollen.

Daß beides verbunden werden soll, das Gebet und die verändernde Tat, kommt in dem Wort zum Ausdruck, das im geistlichen Leben der französischen Kirchen geprägt wurde: „révision de vie". Das bedeutet: „Klärung des Lebens" und „Veränderung des Lebens" zugleich. Das Wort deutet eine neue, in dieser Welt der technischen Information mögliche Form der Frömmigkeit an: Eine Gemeinschaft von Christen klärt und durchleuchtet ein bestimmtes Ereignis, eine Erfahrung, einen Zustand und macht sich für die Hilfe, die nun erfolgen muß, verantwortlich. Sie vergleicht, was vorliegt und was geschehen soll, mit der Heiligen Schrift und erfüllt die selbst gesetzte Aufgabe gemeinsam. Sie geht von der Überzeugung aus, daß es zwischen Gebet und Tat keine Grenze, zwischen religiösem und profanem Leben keine Trennung gibt, und bezieht das Gebet unmittelbar auf die Praxis. Das Gebet bleibt Gebet, und die Tat ist konkret und überlegt. Das Gebet bleibt hart an den Tatsachen und nahe an den Menschen. Es findet ein klares Wort und gerät nicht so leicht in die Nähe der Phrase.

Freilich wird man seiner Information gegenüber vorsichtig sein. Man wird sagen: Wenn ich mich täusche, dann rücke du zurecht, was ich bitte. Und man wird auch, wenn man genau weiß, was man will, hinzufügen: Nicht mein, sondern dein Wille soll geschehen.

70 Millionen der Bevölkerung Lateinamerikas (insgesamt 250 Millionen) sind nur saisonmäßig beschäftigte Landarbeiter, die am Rande des Existenzminimums leben. Etwa weitere 30 Millionen Kleinbauern leben unter ähnlichen Verhältnissen. Den oberen 2 % der Bevölkerung gehören 75 % allen Farmlandes. (Das führt dazu, daß nur 5 % des Bodens unter Kultur stehen und die landwirtschaftliche Produktion rückläufig statt ansteigend ist.) In Venezuela verdienen 50 % der Bevölkerung 11 % des Volkseinkommens, der Anteil der oberen 5 % beträgt 31 %. In Chile, einem Land mit 8,5 Millionen Einwohnern, zahlen nur 275 000 Personen Einkommensteuer. Im ganzen Land verdienen nur 11 000 Personen mehr als 1500 Escudos (etwa 1000 DM) im Jahr. In Elendsvierteln, die an kein Wasserversorgungsnetz angeschlossen sind, wohnen in Brasilien 80 %, in Ekuador 90 %, in Haiti 98 % der Bewohner. Sozialversichert sind in Chile 54 %, in Mexiko 17 %, in Paraguay 14 %, in Costa Rica 13 %, in Venezuela 12 %, in Kolumbien 10 %, in Bolivien 9 % der Bevölkerung.

Das sind lauter Zahlen.
Hinter den Zahlen stehen Völker,
nein, Millionen Menschen,
von denen jeder einen Namen trägt.
Ich versuche sie mir vorzustellen:
Die Frau in der Blechhütte bei Bogota.
Das Kind im Hinterhof von Sao Paulo.
Den Arbeitslosen in der Vorstadt von Caracas.
Sie sind Menschen wie wir
und möchten ihr Leben lieben und glücklich sein wie wir.
Ich gedenke ihrer, wenn ich zu dir, Gott, spreche
und prüfe, was zwischen ihnen und mir geschieht,
zwischen ihrem Land und meinem Land,
damit ich Wege finde, ihnen beizustehen.
Ich bitte dich für sie.
Gib, was ich reichlich habe an Wohlergehen,
an Glück und Freiheit, ihnen weiter,
durch mein Wort und meine Hand.

Weltweites Elend

Vater unser der du bist im Exil
fast nie erinnerst du dich der Meinen
wer immer du seist und wo du auch bist
geheiligt werde dein Name
nicht aber der Name derer
die deinen Namen heiligen
indem sie die Augen schließen
um nicht die schmutzigen
Nägel des Elends sehen zu müssen...

So dichtet Mario Benedetti in seinem „Lateinamerikanischen Vaterunser", und es wird der Christenheit unbehaglich werden müssen, wenn irgendwo auf dieser Erde so gebetet werden muß. Sie wird sich in den Kreis derer stellen müssen, die so beten.

◆

Ist es erlaubt oder überhaupt möglich, jenen Prozeß der „Einswerdung der Welt" wieder rückgängig zu machen, der vor Jahrhunderten durch die europäische Kolonisation der Welt eingeleitet wurde und der durch die Entkolonisierung der letzten Jahrzehnte in die entscheidende Phase seiner Vollendung eingetreten ist? Ist es nicht reine Heuchelei, wenn heute Europa den Unabhängigkeitswillen der ehemaligen Kolonien zum Vorwand nimmt, diese ihrem Schicksal zu überlassen, das nach Lage der Dinge nur in fortschreitender Verelendung und innerer Zersetzung bestehen kann?

Heinrich Krauss

◆

Dienst am Rest der Menschheit kann – was unser Gebet betrifft – heißen, daß wir den verzweifelten Schrei nach Gott hören, der sich in – für unsere Ohren – gotteslästerlichen Gedichten verbirgt. Den Schrei nach dem Menschen, der an Gottes Stelle handelt.

Mein Gott, mein Gott – warum hast du mich verlassen?
Ich bin zur Karikatur geworden,
das Volk verachtet mich.
Man spottet über mich in allen Zeitungen.

Panzerwagen umgeben mich.
Maschinengewehre zielen auf mich,
elektrisch geladener Stacheldraht schließt mich ein.
Jeden Tag werde ich aufgerufen,
man hat mir eine Nummer eingebrannt
und mich hinter Drahtverhauen fotografiert.
Meine Knochen kann man zählen wie auf einem
Röntgenbild,
alle Papiere wurden mir weggenommen.
Nackt brachte man mich in die Gaskammer,
und man teilte meine Kleider und Schuhe unter sich.

Ich schreie nach Morphium, und niemand hört mich.
Ich schreie in den Fesseln der Zwangsjacke,
im Irrenhaus schreie ich die ganze Nacht,
im Saal der unheilbar Kranken,
in der Seuchenabteilung und im Altersheim,
in der psychiatrischen Klinik ringe ich schweißgebadet
mit dem Tod.
Ich ersticke mitten im Sauerstoffzelt.
Ich weine auf der Polizeistation,
im Hof des Zuchthauses,
in der Folterkammer und im Waisenhaus.
Ich bin radioaktiv verseucht,
man meidet mich aus Furcht vor Infektion.

Aber ich werde meinen Brüdern von dir erzählen.
Auf unseren Versammlungen werde ich dich rühmen.
Inmitten eines großen Volks
werden meine Hymnen angestimmt.
Die Armen werden ein Festmahl halten.
Das Volk, das noch geboren wird,
unser Volk, wird ein großes Fest feiern.

Ernesto Cardenal
dem Psalm 22 nachgedichtet

Gerechtigkeit

Wenn Jesus das Reich Gottes beschreiben will, spricht er von Gerechtigkeit. Unsere Väter verstanden darunter die Gerechtigkeit des einzelnen Menschen vor Gott. Heute erkennen wir, daß Jesus Gerechtigkeit in der Welt überhaupt suchte: nicht eine Gerechtigkeit, die im Gehorsam gegenüber menschlichen Ordnungen und Obrigkeiten besteht, sondern eine, die ein Schutz ist für das Glück und den Frieden der Menschen.

Wer heute verstehen will, was Gerechtigkeit ist, und um Gerechtigkeit zu beten versucht, muß erkennen, daß es heute unmöglich ist, Recht und Unrecht so zu trennen, wie man es bisher getrennt hat: Der Staatsanwalt ist im Recht, der Aufrührer nicht. Der Besitzende ist im Recht, der Landstreicher nicht. Der das Bestehende erhält, ist im Recht, wer mit Gewalt ändern will, ist im Unrecht. Es gibt Verhältnisse in unserer Welt, in denen einer „böse" ist, ehe er sich für gut oder böse entscheiden konnte. Es gibt Verhältnisse, in denen ein Mensch nicht zum Glauben finden kann, auch wenn er es möchte, und nicht verstehen kann, was die Christen gut und böse nennen.

„Vater unser, der du bist im Himmel, ich möchte, daß du noch einmal kommst, ehe du vergessen hast, wie man den Süden des Rio Grande erreicht...", dichtet Mario Benedetti.

Gebete dieser Art müssen uns vertrauter werden, als sie es sind. Vielleicht werden wir, wenn wir solche fremden, unbehaglichen Gebete sprechen, während wir derer gedenken, die solche Worte finden, eines Tages lernen, die vor Gott zu vertreten, deren Leid aus Europa kam und aus dem christlichen Nordamerika, und lernen, das Notwendige zu tun.

tausendneunhundertsechzig im Monat August
lohnt es sich fast schon nicht mehr
daß dein Reich zu uns komme
weil dein Reich schon hier unten ist
in Zorn und Angst versteckt
in Apathie und Schmutz
in Enttäuschung und Müdigkeit
in dieser Sehnsucht dich trotz allem zu schauen.

als du von Reichen sprachst
von der Nadel und vom Kamel
und wir alle dich wählten...
erhob auch der schweigende Indio seine Hand
der dich zwar respektierte
aber dir widerstand
weil er sich
über deinen Willen Gedanken machte

jedenfalls ab und zu
mischt sich dein Wille mit meinem
beherrscht
entzündet
verdoppelt ihn
schwierig wirds dann zu erkennen
welches mein Wille ist

spätestens morgen
werden wir die Bankrotten kassieren
lächelnde Straßenräuber
die Krallen haben
um die Harfe zu schlagen...

es ist nicht wichtig
daß uns unsere Gläubiger vergeben
so wie wir
aus Versehen
unseren Schuldnern vergaben

noch immer
sind sie uns ungefähr ein Jahrhundert
Schlaflosigkeit und Knüppel
etwa dreitausend Kilometer von Schimpfwörtern
und ein ganzes totes Guatemala schuldig

führe uns nicht in Versuchung
zu vergessen...
reiß uns den letzten Bettler aus unserer Seele
und erlöse uns von dem Bösen des Gewissens. Amen.

Erbarmen

Du, Gott, erbarmst dich der Armen.
Diese Welt ist ein Haus des Leidens,
voll Jammer und Angst, Elend und Verzweiflung.
Erbarme dich unser.

Erbarme dich aller,
denen das Leben zu schwer aufliegt,
die über ihre Kraft gefordert sind,
die unter ihrem Schicksal zerbrechen
und keinen Sinn finden.
Erbarme dich der Zukurzgekommenen,
der Gestörten, Kranken und Behinderten,
der Blinden und Gelähmten,
Vereinsamten und Unansehnlichen,
der Verachteten und Unverstandenen.

Erbarme dich der Mutlosen,
die dem Unrecht nicht mehr widerstehen,
der Geschundenen, die nicht leben können
vom Lohn ihrer Arbeit,
der Verzweifelten, die den Rausch suchen
oder den Tod.
Erbarme dich der Unfreien,
die Knechte sind eines erbarmungslosen Systems,
Knechte der Ausbeutung und der Unterdrückung.
Der Soldaten, die zum Kampf gezwungen werden,
und der Gefangenen, die man bewacht wie wilde Tiere.
Erbarme dich, Herr, aller Völker,
erbarme dich der Ungeduldigen und Kurzsichtigen
unter den Mächtigen,
und der Ungeduldigen und Gewalttäter
unter den Mißhandelten und Unterdrückten.
Erbarme dich aller, die Gerechtigkeit suchen
und keinen Weg mehr wissen, als den der Gewalt.

Erbarme dich deiner Christen, die von dir reden
und doch deinen Willen nicht tun.
Gott, du erbarmst dich der Armen.
Erbarme dich unser aller.

Gott, du erbarmst dich der Armen.
Diese unsere Welt ist voll von Gewalttätern,
von Rechtsbrechern und Menschenschindern.
Erbarme dich ihrer!
Wer hätte Erbarmen nötiger als die Hassenden?
Wie sollen sie sich ändern,
wenn du dich ihrer nicht erbarmst?

So gedenken wir der Abgestumpften,
der Verbitterten und Umbarmherzigen,
aller, die Haß verbreiten und Zwietracht säen,
die den Krieg wollen, weil er ihnen nützt,
die Nachrichten fälschen und Verbrechen vertuschen.

Wir gedenken aller, die vom Betrug leben,
von Erpressung und Hochstapelei,
wir gedenken der Heimatlosen und Entwurzelten,
die nichts an unsere Sitte bindet,
der Verlassenen, die kein Interesse haben
an unserer Gemeinschaft.

Wir gedenken aller, die Not ausnützen,
zum Beispiel der Zuhälter in unseren Großstädten,
die ein Menschenkind zugrunde richten,
um die Armut der Menschen an Liebe auszubeuten.

Wir bitten dich aber auch für uns alle,
die einander von Tag zu Tag Leid zufügen,
die einander vergessen, verstoßen, verurteilen
und verleumden im Großen und im Kleinen.

Wir bitten dich: Erbarme dich unserer Lieblosigkeit,
unserer Kargheit und Rechthaberei.
Denn wir verurteilen einander in unserer Gedankenlosigkeit
und gestehen uns unsere Unbarmherzigkeit nicht ein.

Du hast gesagt: Wer seinen Bruder von sich stößt,
der ist des höllischen Feuers schuldig.
Christus, wir sind schuldig,
Erbarme dich unser.

Sorgfalt

Wer heute den Verkehr auf unseren Straßen miterlebt, weiß, daß es für Christen eine Art der Bewährung gibt, wenn nicht gar eine Art Bekehrung zu einer Sorgfalt, die in Sachkenntnis, Selbstkontrolle und Freundlichkeit besteht und in einem immer wieder geübten Denken und Empfinden mit fremden Menschen.

Gott, ich bitte dich
für die Frau mit den beiden Kindern,
für die ein Gang durch die Stadt Angst bedeutet,
Angst vor den Autos und der Straßenbahn
und vor dem Gedränge.

Für den alten Mann,
der so viel falsch macht,
weil er in einer anderen Zeit groß geworden ist
und sich nicht zurechtfindet.

Für die Anfänger in den Autos,
die einfach überfordert sind.

Für die Nervösen, die meinen,
ihr Leben hänge von zwei Minuten ab,
die sie durch ihr gefährliches Fahren gewinnen.

Ich bitte dich auch für den Beamten auf der Kreuzung,
der den ganzen Tag giftiges Gas atmet.
Er steht da, weil wir zur Arbeit
oder ins Grüne fahren wollen.
Ich möchte ihm das Leben erleichtern
durch meine Achtsamkeit.
Er hat Ärger genug.
Vielleicht merkt er es auch einmal,
wenn einer ihm dankbar ist.

Behüte uns alle.
Behüte mich, wenn ich die Geduld verliere.
Behüte alle, denen ich gefährlich bin.

Gott, ich denke an die Menschen,
die über den Zebrastreifen hetzen.
Sie haben Angst vor mir, weil ich in einem Auto sitze.
Ich finde es beschämend, daß das so ist.
Gib mir die Geduld,
auch den letzten noch in Ruhe vorbeigehen zu lassen
und dann so zu fahren,
daß niemand vor mir zu erschrecken braucht.

Ich habe mich vorhin über den Bummler geärgert,
weil ich seinetwegen nicht mehr bei Grün hinüberkam.
Vergib mir.
Gib mir für den nächsten Bummler
einen freundlichen, guten Gedanken.

Gott, ich danke dir,
daß du mich auf meinen Fahrten bisher behütet hast,
daß ich gesund bin, obwohl ich sehr oft unvorsichtig war.
Ich danke dir,
daß niemand durch mich zu Schaden kam,
obwohl es oft hätte geschehen können.
Ich bitte dich für alle,
die vor mir, hinter mir, neben mir fahren:
Laß sie gesund heimkommen.
Beschütze den Fernfahrer, den Arzt,
den Arbeiter, den Lieferanten und alle, die ich sehe.
Und laß sie und mich nie vergessen,
daß wir Christen sind, deine Kinder.

Mein Gott,
gib mir eine sichere Hand
und ein waches Auge,
damit niemand durch mich
zu Schaden kommt.
Du hast uns das Leben gegeben.
Hilf, daß ich niemand
diese deine Gabe nehme
oder sie beschädige.

Glück

Niemand weiß, nach welchen Spielregeln sich das Leben in zehn oder zwanzig Jahren bei uns abspielen wird. Aber bei der ungeheuren Bedeutung, die der Anspruch auf Glück unter den Menschen gewinnt, wird für Christen dies eine Regel sein können: daß sie das Glück nie an einer Stelle suchen, an der sie das Glück eines anderen zertreten müssen. Ein chinesisches Märchen gibt ein Bild dafür:

Warum es keinen Krieg geben kann:
Als der Krieg zwischen den beiden benachbarten Völkern unvermeidlich war, schickten die Feldherrn von beiden Seiten Späher aus, um zu erkunden, wo man am leichtesten in das Nachbarland einfallen könnte. Die Kundschafter kehrten zurück und berichteten auf beiden Seiten dasselbe: es gebe nur eine Stelle an der Grenze, die sich dafür eigne. Dort aber, sagten sie, wohnt ein braver, kleiner Bauer in einem kleinen Haus mit seiner anmutigen Frau. Sie haben einander lieb, und es heißt, sie seien die glücklichsten Menschen auf der Welt. Sie haben ein Kind. Wenn wir nun über sein Grundstück marschieren, dann zerstören wir das Glück. Also kann es keinen Krieg geben. – Das sahen die Feldherrn ein, und der Krieg unterblieb, wie jeder Mensch begreifen wird.

◆

Hier liegt in einer verblüffend einfachen Auslegung nichts weiter vor als das Gebot, wir sollten den anderen Menschen lieben wie uns selbst. Die Zeiten, in denen eine solche Geschichte als utopisch abgetan werden konnte, sind vorbei. Das Leben der Menschen wird nur menschlich ablaufen können, es wird überhaupt nur weitergehen auf dieser Erde, wenn eine solche Regel nicht als utopisch angesehen wird. Den Nächsten lieben heißt im Gedränge einer eng gewordenen Gesellschaft nicht zuletzt: sein Glück schützen.

Du Schöpfer dieser Welt.
Wir leben von deiner Güte und Weisheit.

Die Welt gehört nicht uns, sie gehört dir.
Unsere Wissenschaft geht deinen Gedanken nach.
Unsere Technik verläßt sich auf deine Gesetze.
Unsere Wirtschaft lebt von deinen Gütern.
Unsere Politik ist dir verantwortlich.
Wir danken dir für Geist und Kraft der Menschen,
denn Geist und Kraft sind von dir.

Du hast uns den Frieden anvertraut,
die Freude und das Glück aller Menschen.
Wir bitten dich für jeden Menschen auf dieser Erde,
dessen Frieden und Glück in Gefahr sind.

Du hast auch mich glücklich gemacht.
Ich danke für den geliebten Menschen,
den du mir gegeben hast,
der mich liebt und zu mir steht,
der meine Last mit mir trägt und meine Gedanken teilt,
der mich tröstet und mit mir glücklich ist
und mit mir zusammen den Frieden sucht.
Wir bitten dich, bewahre uns den Frieden
und bewahre uns davor,
den Frieden anderer zu gefährden:
den Frieden unserer Kinder, Freunde und Nachbarn
und aller, denen wir begegnen.

Gott, uns Menschen ist viel Macht gegeben.
Was deine Weisheit geschaffen hat,
ist uns unweisen Menschen anvertraut.
Was du gegeben hast, damit wir leben können,
ist Gefahr geworden für unser aller Leben.
Wir möchten dir danken für deine Welt.
Wir möchten einander schützen vor Gewalt und Haß.
Wir möchten deine Gaben behüten:
die Menschen und ihr Glück.
Wir bitten dich, Schöpfer dieser Welt,
hilf uns und gib Gelingen.

Herr, ich werfe meine Freude wie Vögel an den Himmel.
Die Nacht ist verflattert, und ich freue mich am Licht.

Deine Sonne hat den Tau weggebrannt
vom Gras und von unseren Herzen.
Was da aus uns kommt, was da um uns ist
an diesem Morgen, das ist Dank.

Herr, ich bin fröhlich heute am Morgen.
Die Vögel und die Engel singen, und ich jubiliere auch.
Das All und unsere Herzen sind offen für deine Gnade.
Ich fühle meinen Körper und danke.
Die Sonne brennt meine Haut, ich danke.
Das Meer rollt gegen den Strand, ich danke.
Die Gischt klatscht gegen unser Haus, ich danke.

Herr, ich freue mich an der Schöpfung
und daß du dahinter bist und daneben
und davor und darüber und in uns.

Ich freue mich, Herr,
ich freue mich und freue mich.
Die Psalmen singen von deiner Liebe,
die Propheten verkündigen sie.
Und wir erfahren sie:
Weihnachten, Ostern, Himmelfahrt und Pfingsten
ist jeder Tag in deiner Gnade.

Herr, ich werfe meine Freude wie Vögel an den Himmel.
Ein neuer Tag, der glitzert und knistert,
knallt und jubiliert von deiner Liebe.
Jeden Tag machst du. Halleluja, Herr!

Aus Westafrika

Im Dunklen wachen

Das Bittgebet hat Sinn, wenn da ein Ohr ist, das hört, ein Gegenüber, das den Bittenden wahrnimmt, eine Liebe, die antwortet. Ein Kind verirrt sich im Wald und beginnt in seiner Angst vor sich hin zu singen. Es wird ruhiger dabei. Aber geholfen ist ihm erst, wenn ihm der Waldhüter begegnet, es an der Hand nimmt und auf seinen Weg oder nach Hause bringt.

Niemand wird Jesus verstehen, wenn er das Gebet für ein Selbstgespräch hält, denn niemand hat je so unmittelbar zu Gott hin gelebt wie er, so mit ihm geredet und so auf ihn geachtet. Und er hat seine Freunde aufgefordert, zu tun wie er.

Wem das Bitten schwerfällt, weil er meint, es sei unmöglich, daß Gott allen Menschen zuhöre, der überprüfe das Bild, das er von Gott hat: ob es nicht das Bild eines überforderten Schalterbeamten ist anstelle des Bildes Gottes.

Wem das Bitten schwerfällt, weil er zu stolz ist, sich zu beugen, der muß verstehen, daß niemand, auch der Stolze nicht, aus eigener Kraft lebt. Auch er wird an den entscheidenden Punkten seines Lebens ein Bittender sein. Und er darf wissen, daß der Gott, vor dem er sich beugt, seine Würde nicht gefährdet, sondern sie ihm, indem er ihm zuhört, ja eben verleiht.

Wem das Bitten schwerfällt, weil er die Enttäuschung nicht erträgt, daß er nicht erhört und sein Wille nicht erfüllt wird, der muß lernen, seinen Willen zu äußern und zugleich um die Erfüllung des Willens Gottes zu bitten. Nicht, weil der Wille Gottes ohnehin geschieht, sondern weil er der bessere, der wissendere Wille ist.

Und die Erhörung des Gebets? Niemand, der mit dem Gebet Erfahrung hat, wird an Gebetserhörungen zweifeln. Freilich werden sie nicht immer darin bestehen, daß unsere Wünsche erfüllt werden, sondern darin, daß wir ein Gespür bekommen für Gottes Wesen und Willen, so daß wir ihm näher sind als zuvor. Immer wieder allerdings merken wir erschrocken, daß er selbst eingegriffen hat, daß die Bitte erfüllt ist.

Wer bittet, wird seine Wünsche zunächst sozusagen unter Gottes Augen prüfen. Zu fragen: Was ist nun eigentlich dein Wille? ist eine würdigere Art, mit Gott zu reden, als das ungeschickte: Ich will! Ich möchte! Ich brauche! Das mußt du tun! Das Bittgebet hat seinen Sinn innerhalb des großen und lebenslangen Versuchs, in unablässiger Selbstkontrolle in die Gegenwart Gottes hineinzuwachsen und seinen eigenen Willen mit dem Willen Gottes zusammenzuführen. So sagt Jesus in den Abschiedsreden:

Bisher habt ihr nichts in meinem Namen gebeten.
Bittet, so werdet ihr nehmen,
daß eure Freude vollkommen sei.

Johannes 16, 24

„Im Namen Jesu" bitten heißt, sich auf ihn berufen, im Einklang mit seinem Willen stehen, mit seinem Werk eins sein, seine Stelle einnehmen, so daß an unserer Stelle er selbst dieselbe Bitte hätte aussprechen können. Im Namen Jesu bitten heißt, an der offenen Stelle zu Gott hin stehen, an der wir den Geist empfangen, den Jesus uns zugesagt hat. Der Geist aber läutert unser Gebet in uns, faßt es in Worte und gibt uns die Zuversicht, daß Gott uns hört.
Dieses Gebet führt notwendig immer tiefer in das Bitten hinein. Nicht in die Wunschlosigkeit, sondern in die immer größere Offenheit, das immer größere Vertrauen zu dem zuhörenden Gott, zu seiner Kraft und seinem Geist, und in das immer selbstverständlichere Empfangen dessen, was er geben will.

Bittet Gott. Er wird euch geben.
Sucht, so werdet ihr finden.
Klopft an, er wird euch auftun.
Wer ist unter euch,
der seinem Sohn einen Stein reicht,
wenn er ihn um Brot bittet,
oder ihm eine Schlange bietet,
wenn das Kind um einen Fisch bat?

Matthäus 7, 7–11

Krank sein

Ein Mensch, der einer Krankheit wehrlos ausgeliefert ist und keine Hoffnung hat, sie aus eigener Kraft oder durch die Hilfe anderer Menschen zu überwinden, wird vielleicht um ein Wunder bitten, es erwarten, es erhoffen. Wer um das Wunder nicht bitten mag, weil er meint, es gebe kein Wunder, zweifelt im Grunde am Sinn des Bittens überhaupt. Wenn er sein Recht, Gott um etwas zu bitten, ernst nimmt, dann kann sein Gebet zur Forderung werden: Du mußt ein Wunder tun! Ohne ein Wunder von dir ist alles zu Ende! Mit „Wunder" ist ein Geschehen gemeint, das sich nicht erklären, sondern nur aus der Freiheit Gottes herleiten läßt. Wer von der Freiheit des Menschen etwas hält, das heißt von seiner schöpferischen Kraft, von seiner Fähigkeit, etwas zu tun, was nicht zu sein brauchte, der wird unmöglich leugnen können, daß Gott Dinge tun kann, ohne daß er durch das Gesetz von Grund und Folge dazu gezwungen wäre. Wer mit Gott spricht, wird ihn darum auch bitten, er möge in seiner Freiheit das Erlösende tun. Um Genesung bitten heißt, an Wunder glauben. Mann kann das nicht trennen.

Das ist wahr: Er trug unsere Krankheit
und lud unsere Schmerzen sich auf.
Die Strafe liegt auf ihm, damit wir Frieden haben,
und durch seine Wunden sind wir geheilt.
Durch seine Leiden schafft er, der Gerechte,
für viele die Rettung und lädt ihre Sünden auf sich.

Jesaja 53

✦

Christus, ich möchte gesund werden.
Du hast unsere Krankheiten getragen.
Nimm du alle meine Kräfte in deine Hand
und heile mich. Amen.

Christus, du bist der Friede.
Ich bin unruhig und voll Angst.
Du hast meine Sünde auf dich genommen.
Komm du. Gib mir den Frieden. Amen.

Aus der Tiefe rufe ich, Gott, zu dir.
Höre meine Stimme und hilf mir,
denn aus Elend und Angst rufe ich.

Um deine Nähe bitte ich, um deine Hilfe.
Ich bitte dich, daß du ein Wunder tust
an meinem Leib und an meiner Seele und sie heilst.

Ich kenne deine Gedanken nicht.
Ich weiß nicht, wozu ich krank bin.
Daß es dein Wille ist, das allein halte ich fest.

Ich war gesund und verließ mich auf meine Kraft.
Nun sorgen andere für mich.
Das war dein Wille. Ich will es lernen.

Ich habe unter Gesunden gelebt
und die Kranken nicht gesehen.
Nun sehe ich ein unendliches Meer von Leidenden um mich.
Gib mir Augen für alle, die mit mir leiden.

Ich habe gemeint, mein Leben gehe ohne Ende weiter.
Aber jede Stunde bringt mich meinem Ende näher.
Bereite du mich auf die Stunde meines Todes.

Ich war immerfort am Werk und hatte nie Zeit.
Nun geht meine Zeit nutzlos dahin.
In dem allem ist dein Wille.

Viel Unordnung habe ich hinterlassen.
Viel Streit, viel Lieblosigkeit und Härte des Herzens.
Vergib mir meine Schuld
und gib mir die Zeit, allen anderen zu vergeben.

Heile du mich, Gott, an Leib und Seele
und laß mich genesen zu einem neuen Anfang
hier auf dieser Erde oder, wenn es dein Wille ist,
zum ewigen Leben.

Ich befehle mich in deinen Willen.
Ich möchte dich finden, dich empfangen,
dir danken und dich preisen in Ewigkeit.

Alt werden

Ewiger Gott,
ich gehöre zu den Menschen, die man alt nennt.
Ich lebe im Abend. Bald wird es Nacht sein.
Laß mich nicht allein bei den letzten Schritten.

Mein Leben hatte einmal Wert und Sinn.
Ich habe gearbeitet, gelitten und gewirkt.
Was ich getan habe, rückt in die Ferne.
Ich bitte dich, mich vor Bitterkeit zu bewahren,
vor der Sucht, mein Wissen und Können zu beweisen,
vor der Gefahr, zu behaupten, es sei alles richtig gewesen.
Ich möchte loslassen lernen.
Ich möchte mich auf nichts verlassen als auf deine Güte.
Laß du mich nicht los!

Meine Kräfte lassen nach.
Krankheiten zehren mich aus.
Der Tod steht vor mir, unausweichlich.
Ich bitte dich, mich vor Verhärtung zu behüten,
vor dem Ausweichen in Illusionen,
vor der Suche nach falschen Hoffnungen.
Ich möchte annehmen, was du sendest,
daß ich eine neue Stufe betrete
und bereit bin, wenn du mich verwandelst.

Mitten unter den Menschen habe ich gelebt.
Nun werde ich einsam. Meine Freunde sterben.
Niemand braucht mich. Jeder geht seinen Weg.
Ich bitte dich, zu helfen,
daß ich mich nicht verschließe
und doch nicht überall mitrede
und daß ich kein Mitleid pflege mit mir selbst.
Ich möchte aus der Stille wirken können,
für andere Menschen eintreten vor dir.
Gib mir die Worte dafür.
Ich bin in deiner Liebe geborgen. Hilf mir lieben.

Gütiger Gott,
gib mir Gelassenheit. Ich lasse mich deiner Hand.
Gib mir Heiterkeit. Du bist die Quelle der Freude.
Gib mir Güte. Deiner Güte vertraue ich mich an.

Hilf mir, unter den Menschen Verhärtetes zu lösen,
die Zerstrittenen zu versöhnen,
die Verwundeten und Verlassenen zu trösten.

Christus, du mein Erlöser,
mein Versöhner und mein Tröster,
segne mich und behüte mich
und gib mir Frieden.

✦

Wir werden einmal alle alt
und stille werden
und werden wissen, was wesentlich ist
und was ungestraft ausgelöscht werden kann.

Einmal wird unser Auge ruhig werden
und müde unser Schritt,
und Sonnenuntergang
wird unseren Abend färben.

Ich kenne einen alten Mann,
der immer schwere Lasten trug
und sich der Mühe nie entzog.
Ich denke an sein stilles Antlitz,
an das Wissen vieler einsamer Wege.
Sein Leben war hart und dürftig,
doch der milde Klang seiner Stimme
zeigte Güte ohne Bitterkeit.

Wir werden einmal alt und müde.
Laßt uns beten, daß unsere Stimmen milder werden
und unsere Gesichter Verkünder des Friedens.

Viola Renvall, Finnland

Sterbende begleiten

Einem Sterbenden nahe sein heißt zwar auch, noch dies und jenes tun und auf eine stille Art liebevoll dasein; es heißt aber in erster Linie, mit ihm und für ihn beten.
Es wird immer der Verantwortung und dem Feingefühl des Begleitenden anheimgegeben sein, wie weit er dem Sterbenden die Wahrheit sagen will. Ich selbst würde aus Achtung vor dem Sterbenden bei Klarheit und Wahrheit zu bleiben suchen, auch wenn es den Gepflogenheiten von heute nicht immer entspricht. Ich würde ihm die Wahrheit sagen und ihn nicht betäuben, wenn immer er ein Mensch ist, der auch in seinem Leben die Verwirrung seiner Sinne und die Betäubung seiner Gedanken nicht gewünscht hat. Denn ein Gebet mit dem Sterbenden ist ohne Wahrheit nicht denkbar. Daß wir so häufig vorziehen, ihn im unklaren zu lassen, bedeutet nicht, daß wir bessere, sondern daß wir schlechtere Helfer und Freunde sind. Daß es uns heute oft so schwer scheint, zu glauben, hängt mit der hohen Kunst der Vernebelung zusammen, die unsere Zeit erreicht hat, denn nichts schadet dem Glauben so sehr wie Betäubung oder das Dämmerlicht einer lebenslangen Unklarheit. Es hilft nichts, den Sterbenden in die Scheinwelt seiner Lebenshoffnungen zurückzuholen. Es geht aber die einzigartige Gelegenheit vorüber, in letzter Stunde zu danken, zu bekennen, zu versöhnen und zu verzeihen. Das Sterben ist ein Stück des Lebens; um dieses letzte Stück Leben soll man niemanden betrügen.
Es scheint mir auch ein Unrecht zu sein, ihn so zu trösten, daß er der alte bleiben kann mit all seinen Selbsttäuschungen und Selbstrechtfertigungen. Was Schuld ist, muß deutlich werden, aber es muß ebenso klar gesagt werden, wer für diese Schuld eintritt. Dem Sterbenden muß die Möglichkeit geboten werden, seine Schuld zu bekennen und in der Wahrheit vor Gott zu treten.
Wer die Wahrheit sagt, übernimmt aber damit die Pflicht, den Sterbenden zu begleiten, bis er die Schwelle überschritten hat, wenn es irgend möglich ist. Einfaches Dableiben ist unendlich viel, durch das einfache Dasein zeigen, daß er nicht verlassen ist, und ihm dann in aller Stille und mit dem Segen des dreieinigen Gottes helfen, still und ohne Angst hinüberzugehen.

Ewiger, himmlischer Gott, wir rufen zu dir!
Komm zu uns. Sei uns nahe; bleibe bei uns.
Wir haben keinen Halt außer dir.
Wir wissen keinen Weg außer zu dir.
Wir haben nichts, das bleibt, außer dir.
Wie du uns bisher geführt hast in unserem ganzen Leben,
so führe uns nun, wenn es zu Ende geht.
Du hast gerufen. Laß uns heimkehren.

Wir breiten vor dir aus, was gewesen ist.
Wir haben unsere Jahre vergeudet.
Wir haben nicht geglaubt und nicht geliebt.
Wir waren uns selbst wichtig und haben das Ziel vergessen.
Wir bekennen dir unsere Schuld, unsere große Schuld.
Erbarme dich unser! Laß uns nicht fallen.
Wir halten uns an Jesus, unseren Bruder,
der für uns gestorben ist und unsere Sünde getragen hat.
Vergib uns unsere Schuld, unsere große Schuld.

Wir gedenken vor dir aller,
die heute mit uns vor der Schwelle des Todes stehen.
Sei ihnen gnädig und nimm sie zu dir.
Christus, du bist die Tür zu Gott. Laß uns eintreten.
Du bist der Weg. Geleite uns.
Du bist das Licht. Bleibe bei uns, wenn es Nacht wird.
Wir danken dir, daß du bei uns bist.

✦

Vater, bewahre uns vor dem Abgrund.
Nimm uns in deine Hand. Nimm unsere Angst von uns.
Hilf deinem Kind auf seinem dunklen Weg.
Erwecke es an deinem Tag und gib ihm Leben.
Herr, erbarme dich,
Christus, erbarme dich,
Herr, erbarme dich!

✦

Es segne und behüte dich Gott,
der Allmächtige und Barmherzige,
Vater, Sohn und Heiliger Geist. Amen.

Der Toten gedenken

Es gibt eine Verbindung auch zu den Toten. Sie führt nicht über Beschwörungen, nicht über Magie und nicht über Träume, sondern über den lebendigen Gott. Solange wir leben, leben wir aus Gott und auf Gott zu. Nach unserem Tode haben wir unsere Lebendigkeit wieder aus Gott und auf Gott hin. Wenn wir also zu Gott sprechen, haben wir es mit dem zu tun, in dessen Hand auch die Toten sind. Indem wir Gott für das danken, was unsere Toten uns gewesen sind, verbinden wir uns mit ihnen. Indem wir ihm die Liebe bringen, die uns mit unseren Toten verbindet, findet unsere Liebe sie auf dem „Umweg" über Gott. Wir bleiben mit ihnen verbunden dadurch, daß Gott sie und uns kennt und sie und wir von ihm bewahrt bleiben.

So sind wir in aller Stille bei ihnen, nicht mit Angst oder Anklagen, nicht mit ungelösten Fragen und nicht mit verwundetem Gewissen, sondern in Dankbarkeit, daß sie unser gewesen sind. Wir tragen ihnen zu, was uns an Schönem und Gutem widerfährt, und vielleicht hilft uns ihr Gedenken und ihnen unsere Liebe, ohne daß wir wüßten, auf welchem Wege dies geschieht.

◆

Schöpfer des Lebens, du bist nicht ein Gott der Toten,
sondern lebendiger Menschen.
In dir leben alle, die du heimgerufen hast.

Wir gedenken aller, die wir liebten,
aller, mit denen wir lebten.
Was uns verbindet, ist deine Güte,
mit der du sie und uns liebst.

Wir gedenken ihrer vor dir.
Kein Weg führt zu ihnen oder von ihnen zu uns
außer dem Weg zu dir und von dir.
In dir sind wir eins mit ihnen.
Dir danken wir, daß sie in deiner Hand sind,
von denen du gesagt hast:
„In meine Hände habe ich dich gezeichnet."

Wir gedenken vor dir aller Toten,
aller vergessenen und versunkenen Namen.
Der Toten, die niemand beweint,
der Vermißten, deren Geschick wir nicht wissen,
der Verzweifelten, die sich das Leben nahmen,
und der von Menschen Entehrten und Gemordeten.
Wir wissen sie in deiner Hand und bitten dich:
Bewahre die ärmsten unter deinen Kindern.

Wir danken dir, daß du so nahe bist
und auch die Toten nahe sind in dir.
Niemand stirbt, der in dir ist.
Wir empfangen Leben von dir,
wie auch die Toten aus dir leben.
Das verbindet uns mit ihnen,
daß wir dasselbe Leben haben.

Wir betrachten dein Kreuz, Christus, unser Bruder,
das Zeichen deines Sieges über Hölle und Tod.
In ihm wissen wir aufgehoben
alle Leiden der Leidenden,
alle Schuld der Schuldigen.
Über einer Welt von Gräbern steht es
und vereint sie alle, die Toten und uns.

Deine Gedanken sind nicht unsere Gedanken.
Deine Wege sind nicht unsere Wege.
Wir glauben deinen Gedanken,
auch wenn wir sie nicht verstehen.
Wir gehen deine Wege und halten uns an dich.
Du wirst den Feind, den Tod, überwinden.
Du bist auferstanden von den Toten,
dir nach werden sie alle auferstehen.
Mit dir werden sie sich freuen in deinem Licht
und dich preisen von Ewigkeit zu Ewigkeit.

Einiges muß noch geschehen,
ehe die Sonne sinkt:
Die Hungernden sind noch hungrig,
die Dürstenden noch durstig,
die Weinenden ungetröstet.
Einiges muß noch geschehen,
ehe die Sonne sinkt
und die Tore sich schließen.
Schon werden die Schatten lang.

Albert Arnold Stoll

Tun, was Gott tut

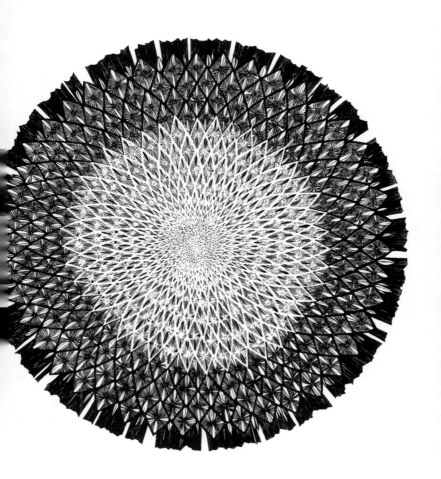

Den Kreuzweg mitgehen

Es gibt auf manchen einsamen Bergen Kapellen, die der Besucher nur zu Fuß und nur über einen steilen, gewundenen Weg erreicht. Von dem Punkt an, an dem er die Fahrstraße verläßt, begleitet ihn Station um Station des Kreuzwegs. Meist von wenig bedeutenden Künstlern gemalt, in buntem Bauernbarock, treten ihm die Geschichten vom Gebet in Gethsemane an bis zur Grablegung vor die Augen, und der Abstand zwischen den einzelnen Bildstöcken ist so groß, daß er Zeit hat, sich die einzelne Episode zu vergegenwärtigen oder sie im Gebet nachzusprechen, bis die nächste vor seinen Augen und vor seiner Seele steht und bis er schließlich am Ende dem Kreuz über dem Altar begegnet.

Es ist nicht zu begreifen, daß den Kirchen der Reformation, die der Gestalt des leidenden und sterbenden Christus mit so großer Klarheit begegnet sind, die Meditation des Kreuzwegs verlorenging. Wenn uns das Wort vom Kreuz mehr ist als eine Theorie, werden wir eines Tages wieder versuchen, mit unseren Füßen den Kreuzweg entlangzugehen, die Bilder in uns eindringen zu lassen und dabei unseren eigenen Schritt mit dem Schritt Christi durch die Passion zusammen zu sehen.

Ist das zu fern? Zu merkwürdig? Wie sollten wir heutigen Menschen begreifen, was glauben heißt, wenn uns das merkwürdig bliebe? Glauben heißt nicht etwas meinen, sondern heißt, den ganzen Menschen versammeln und mit allen Kräften und in allen Schichten unseres Wesens vor Gott treten. Nichts beiseite schieben. Weder die Gedanken noch die Träume. Weder die Hoffnungen noch das Wissen noch die Angst. Paulus sagt, es komme darauf an, eine neue Menschengestalt nach der Gestalt Christi zu werden. Er sagt nicht, wir müßten gebildete Leute werden oder einen starken moralischen Willen ausbilden, nicht, wir müßten einen Glauben entwickeln ähnlich dem Glauben Christi, sondern eine Gestalt werden nach der Gestalt Christi. Er meint, nicht „etwas an uns" müsse sich ändern, sondern alles an uns, wir selbst. Der Kreuzweg, der von uns nicht nur Nachdenken, sondern auch ein Nachgehen fordert, hat den Sinn, „alles an uns" auf Christus hin zu verändern.

Man mag fragen, warum wir uns so gründlich und so ungeschützt mit dem Bild des Hingerichteten am Kreuz befassen, und kann zwei Antworten geben, die freilich das Innerste noch nicht erreichen:

Einmal steht hinter dem Versuch, dem Bild des Todes standzuhalten, ein leidenschaftlicher Wille, der Wirklichkeit ins Auge zu sehen. Man versteht den christlichen Glauben nicht, wenn man nicht sieht, wie unsentimental er mit den Illusionen der Menschheit umgeht. Die Zeit rückt vor, Tag um Tag. Wer nicht selbst gehen will, mit dem wird gegangen, den schleift die Zeit durchs Leben. Im christlichen Glauben liegt der elementare Wille, selbst zu gehen. Die Passionsgeschichte aber ist die hohe Schule, gehen zu lernen, wo sich alles in uns sträubt. Matthias Claudius hatte eine ausgesprochene Vorliebe für den Sensen- und Knochenmann. In seinem Bild begleitete ihn das eigene Sterben durchs Leben, und er selbst wurde gewisser und sorgloser dabei.

Zum anderen gehört zu jeder Erfahrung des Leidens auch eine Einsamkeit, in der wir niemandem mehr begegnen als uns selbst und dem, der uns unser Geschick zumutet. Wir betrachten den leidenden Christus, um in der letzten Einsamkeit den Geber unseres Geschicks vor Augen zu haben. Der schmerzgequälte Hutten sagt in dem Gedicht von Conrad Ferdinand Meyer:

Fernab der Welt. Im Reiche meines Blicks
an nackter Wand allein das Kruzifix.

In heilen Tagen liebt in Hof und Saal
ich nicht das Bild des Schmerzes und der Qual;

doch Qual und Schmerz ist auch ein irdisch Teil,
das wußte Christ und schuf am Kreuz das Heil.

Je länger ichs betrachte, wird die Last
mir abgenommen um die Hälfte fast,

denn statt des einen leiden unser zwei:
Mein dorngekrönter Bruder steht mir bei.

Schritte mit Jesus

Meditation ist für die Menschheit seit Jahrtausenden ein Weg nach innen. Der Mensch faßt sich selbst ins Auge und wird so von sich selbst frei. Er findet Klarheit über sich selbst und damit über die Welt mit all ihrer Weite und Tiefe.
Meditiert ein Christ, so tritt an die Stelle des eigenen Menschen die Gestalt Christi. Der Meditierende spricht nicht zu sich selbst, er hört nicht sich selbst zu. Er sieht Christus und hört sein Wort. Er begibt sich mit Kopf und Herz, mit Seele und Leib, mit Augen und Ohren vor das Wort und die Gestalt jenes Jesus von Nazareth. Er sammelt sich selbst ein und übergibt sich an den gegenwärtigen Christus.
Das ist keine Geheimwissenschaft. Der Meditierende entfernt sich nicht aus der Welt der Menschen. Denn die Liebe steht über der Weisheit, die Gemeinschaft der Menschen über der Absonderung und die Barmherzigkeit über der Vervollkommnung der eigenen Seele. Christus war kein Einsiedler, und er fordert es von keinem, der mit ihm leben will. Mit ihm zu leben ist aber der Sinn jeder Geschichte, die von Christus erzählt. Da schildert die Bibel eine Szene: Ein Dorf. Das Ufer eines Sees. Eine Straße, auf der Jesus geht. Eine Frau ruft ihm nach. Ein junger Mann spricht ihn an. Ein Blinder sitzt am Weg. Ein Gesetzeslehrer stellt ihm eine Fangfrage. Und Jesus antwortet auf die Situation oder auf das Wort. Er tut etwas. Er spricht. Er heilt. Er argumentiert. Er erzählt eine Geschichte. Dann schließt die Szene. Jesus geht weiter. Das Volk wundert sich. Der Blinde sieht.

Die Evangelien bestehen in solchen kurzen Bildern, in denen aufleuchtet, wer Christus ist. Wer er ist, enthüllt sich in einer Situation. Die Situation kehrt nicht wieder. Sie wird nie zu der unseren. Wir sollen also auch nicht nachtun, was Jesus getan hat. Aber wir sollen verstehen, wer er ist.
Der Anfang solcher Übungen des Begegnens könnte in der Geschichte der Passion liegen, im Kreuzweg. Und dort liegt auch, nach einem lebenslangen immer neuen Begegnen mit seinen Bildern, das Ziel der Meditation eines Christen.

Jesus, lebendiger Christus,
wir sehen dich aus der Ferne
und über den unendlichen Abstand der Zeit.
Wir hören dich.
Wir versuchen dich zu verstehen,
zu begreifen, wer du bist.
Laß uns mit dir gehen.

Du bist anders als andere Menschen.
Stärker und schwächer.
Erhabener und geringer.
Du verkündest die Ehre Gottes
und begleitest die Verachteten unter den Menschen.
Du bringst die Kraft Gottes
und bist schwach mit den Schwachen.
Du schaffst Freiheit
und läßt dich binden für die Gebundenen.

Du stehst an Gottes Stelle
und vertrittst doch die Schuldigen.
Du scheidest zwischen Wahrheit und Lüge
und nimmst die Gescheiterten in Schutz
vor dem Recht der Rechtschaffenen.
Du brauchst keine Gewalt
und weichst dem Opfer nicht aus.

Laß uns mit dir gehen. Dich begleiten.
Gib uns Licht aus deiner Güte.
Mach uns dir gleich,
damit wir Menschen werden.

Meister des Lebens,
an dir sehen wir, was es heißt, Mensch zu sein.
Durch dein Antlitz hindurch
schauen wir das Antlitz Gottes.
Wo du bist, verwandelt sich die Welt.
Wandle auch uns. Mache uns zu Menschen.

Christus, wir glauben.
Hilf unserem Unglauben.

Das Geringe tun

Ein abendlicher Saal. Zwölf Männer, wie sie von der Straße kommen, lagern auf den Polstern und warten auf das Mahl. Müde, hungrig und schmutzig. Ein Sklave, der mit einer Schüssel Wasser vom einen zum anderen zu gehen und die Füße zu säubern hätte, wäre nötig. Aber er fehlt. Da nimmt der Meister eine Schürze und geht diesen Weg: von einem Paar staubiger Füße zum nächsten, und wäscht sie. Beklommenes Schweigen im Saal, bis einer widerspricht und es sich dann doch gefallen läßt, daß der Meister, den sie ehren, dieses Zeichen gibt.

Man fände den Sinn dieses Auftritts nicht, wenn man von einem Beispiel der Bescheidenheit oder der Sachlichkeit spräche. Vielmehr schildert Christus seinen ganzen Weg in einem einzelnen, sichtbaren Zeichen: Der die Autorität hat, der Stärkere, beugt sich vor dem Abhängigen und Bedrohten. Der Große vor dem Kleinen. Dem allein die Ehre zusteht, der steigt hinunter in die Niederungen, in denen der Streit der Menschen um ihre Ehre stattfindet, der Kampf aller gegen alle um die oberen Plätze. Er verläßt den Rang, der ihm zukäme, und fängt den ehrsüchtigen Menschen dort auf, wohin der mit seinem Suchen nach Ehre gestürzt war: in seiner ganzen Ärmlichkeit.

Daß Gott sich so tief hinab begibt, ist das Muster für den Weg des Menschen: etwas tun, das töricht scheint, das allem Gefühl für Rang und Selbstachtung widerspricht, und dadurch Frieden schaffen. Der Friede beginnt unter den Menschen nicht, wo einer Macht hat, den Streit zu unterdrücken, sondern dort, wo einer auf seine Ehre verzichtet. Je vollkommener es ihm gelingt, um so tiefer wird der Friede sein, der von ihm ausgeht.

Den ersten Schritt, Christus,
gehe ich hinter dir her
und sehe, was du tust.

Du wolltest keine Macht,
keinen Reichtum
und keinen Beifall.
Ein Mensch bist du geworden
in der Gestalt eines der Niedrigsten,
mißverstanden und verachtet.
Man schüttelte den Kopf über dich,
man redete hinter der vorgehaltenen Hand.
Man fand dich gefährlich
und schleppte dich vor den Richter.
Man schlug dich und bespie dich
und brachte dich um.

Meine Ehre
ist der Anfang der Zwietracht
zwischen mir und den Menschen.
Mein Stolz ist der Anfang des Hasses.
Aber nun kniest du vor mir und reinigst mich
und machst mich frei.

Darum hob Gott dich empor
und setzte dich zum Maßstab
für alle Menschen.

Noch stehe ich am Anfang
und versuche den ersten Schritt.
Noch ängste ich mich um mein Ansehen
und fürchte mich vor Verachtung.
Nimm mich auf diesem Schritt mit dir,
damit ich frei werde durch dich.

Du, Christus, beugst dich vor mir.
Ich beuge mich
vor dem Geheimnis deines Weges.

Führung annehmen

Nacht. Ein Baumgarten, in dem wie überall um Jerusalem her die Festbesucher, in ihre Mäntel eingerollt, schlafen. Einzeln und in Gruppen. Unter ihnen die Männer, die mit Jesus aus dem festlichen Saal gekommen waren: mitten unter den hochgestimmten Menschen ein verängstigter Haufe, der sich, Unheil erwartend, wie die anderen alle irgendwo zwischen den Bäumen seinen Platz sucht.

Ein paar Schritte weit löst sich Jesus von ihnen und geht zur Seite, um allein zu sein, und betet: Vater, dir ist alles möglich. Laß das Entsetzliche vorübergehen. Doch nicht, wie ich will, sondern wie du willst. Und noch einmal: Vater, wenn es keinen Ausweg gibt, soll dein Wille geschehen. Und sein Schweiß fällt zur Erde wie Blutstropfen.

Man sollte häufiger eines der langen alten Kirchenschiffe entlanggehen, von Pfeiler zu Pfeiler, vom Portal an bis zu dem Ende, an dem das Kreuz steht. Denn seit Jesus diesen Weg ging, der von Gethsemane bis nach Golgatha führt, stehen wir Menschen in der tiefsten Verlassenheit nicht in einer nächtlichen Wüste, sondern in einer Art Heiligtum. Die trostlose Öde eines antwortlosen Rufens nach Gott verwandelt sich in eine Kirche des Leidens, und wir gehen von Schritt zu Schritt nicht in das Ausweglose, sondern auf das Kreuz zu, auf das Zeichen des Sieges, den Christus für uns alle errungen hat. Indem er sich bis zu dem Wort „Dein Wille soll geschehen" durchkämpfte, verwandelte er das richtungslose Dahintaumeln des verzweifelten Menschen in einen Heimweg. Aus dem rätselhaften Gott, dessen Hand uns, wie wir meinen, von sich stößt, wird der Vater, der uns erwartet, während wir unseren Weg mit dem armen Bruder Jesus zusammen zu gehen versuchen.

Wir werden, wenn die Kirche des Leidens unser Ort ist, nicht an den Wänden entlanglaufen und nach einem Ausweg suchen oder uns einreden, dieser Ausweg werde sich ganz gewiß noch irgendwann auftun. Die Verwandlung des Willens ist wichtiger. Das Mitgehen mit dem, dessen Wille sich gefügt hat und der darin dem Vater begegnete.

Ich höre Jesus sagen:
„Das ist das ewige Leben,
daß sie dich erkennen."

Dich erkennen,
du seltsamer, furchtbarer Gott,
der du durch unser Leben gehst
im Gewand von Angst und Gefahr
und da bist, wo das Entsetzen nach uns greift.
Dich erkennen,
mitten in die Angst hineintasten
und dich festhalten.

Ich danke dir, leidender Bruder,
daß du für mich bittest,
daß du auch für mich sagst,
was ich nicht über die Lippen brächte:
Dein Wille soll geschehen.

Ich danke dir, daß der dunkle Wille,
den ich fürchte, sich in dir verwandelt
in führende Güte.
Ich danke dir, daß du getan hast,
was mir nicht gelingen will:
mich dieser Hand zu überlassen.

Du forderst von den Deinen nicht,
daß sie stark sind wie du.
Du gibst dem Schwachen deine Kraft,
denen, die sich wehren, deinen Gehorsam,
den in Angst Erstarrten deinen freien Willen.

Sprich du in mir:
„Dein Wille soll geschehen.
Ich glaube in der Nacht an dein Antlitz
und danke dir, daß du mich führst."

Freiheit opfern

Einen Augenblick später. Ein Haufe Bewaffneter dringt in den Garten ein, geführt von dem Jünger, der den Schlafplatz seiner Freunde und seines Meisters kennt. Der ist's! sagt er und begrüßt ihn mit einem Kuß in der Dunkelheit. Und schon schließt sich der Ring um den einsamen Mann. Einen Augenblick versucht einer, ihn zu verteidigen, aber Jesus weist ihn zurecht: „Stecke dein Schwert weg. Wer das Schwert nimmt, kommt durch das Schwert um. Oder meinst du, ich könnte nicht meinen Vater bitten, mir mehr als zehn Legionen Engel zu senden?"
Es ist gut, wenn der Wille sich gefangen gibt, ehe die Hände gebunden werden, damit die Hände nicht gezwungen sind, sich zu wehren, sich zu ballen ode sich zu entziehen. Denn wer frei ist, opfert diese Freiheit nur, wenn er sie nicht den Gewalttätern, sondern einem anderen, einem heiligen Willen übergeben kann. Der Krankheit fügt sich nur der, dessen Herr nicht die Krankheit ist, sondern der höhere, heiligere Wille. In den Tod geht nur mit einem Ja, wer nicht vom Tod, sondern vom lebendigen Gott überwunden ist. Erst, wenn der Wille sich von einem tröstlichen Wort weisen läßt, ist für ihn die Zukunft so frei, daß er sich der Ausweglosigkeit seines Todes anvertrauen kann, oder besser: dem Tode als der Maske Gottes und seiner Güte.

◆

Das Wort ist unendlich mächtiger als das Schwert, und wer es zu führen weiß in starker, weiser Hand, ist mächtiger als der mächtigste aller Könige. Wenn die Hand erstirbt, die das Schwert geführt, wird das Schwert mit der Hand begraben, und wie die Hand in Staub zerfällt, so wird vom Rost das Schwert verzehrt. Aber wenn im Tode der Mund sich schließt, aus dem das Wort gegangen, bleibt frei und lebendig das Wort; über dasselbe hat der Tod keine Macht, ins Grab kann es nicht verschlossen werden, und wie man die Knechte Gottes schlagen mag in Banden und Ketten, frei bleibt das Wort Gottes, welches aus ihrem Munde gegangen.

Jeremias Gotthelf

Jesus Christus,
ich klage dir,
daß ich meine Freiheit suche,
weil ich ein gefangener Mensch bin.
Ich bin ein Knecht meiner hundert Ketten,
darum hänge ich an meiner kleinen Freiheit.

Ich will leben,
darum bin ich ein Gefangener
meines eigenen Willens.
Darum wehre ich mich.
Darum entziehe ich mich dem Schrecklichen.

Du hast deinen Willen hingegeben.
Hilf mir, mit dir die Hände zu bieten
dem, der sie binden will.
Ich weiß, kein namenloses Schicksal
und keine irdische Gewalt bindet sie.
Der bindet, bist du allein.

Nicht, weil du mich bindest,
vertraue ich dir,
sondern weil du mich frei machst
durch deinen Zugriff.

Ich höre dich sagen: „Fürchte dich nicht."
Du kennst die Angst.
Ich vertraue dir, wenn du dies sagst.

Ich höre dich sagen: „Folge mir nach."
Du kennst den Weg, den du gehst.
Ich vertraue dir, wenn du mich rufst.

Sein Recht preisgeben

Ein steinerner Palast, umwogt von einer Menschenmenge. Ein Monument der Gewalt und des Rechts zugleich. Und die Menschen fordern die Gewalt gegen den einen, der dem Statthalter gegenübersteht.
Der fragt ihn: „Bist du wirklich der König der Juden?" Und der Gefangene antwortet: „Ich bin ein König. Ich bin geboren und in die Welt gekommen, um für die Wahrheit einzustehen. Wem Gott das Ohr für die Wahrheit öffnet, der hört meine Stimme." – „Wahrheit?" fragt der Gewaltige. „Was ist Wahrheit?" Er geht hinaus zur Volksmenge und sagt: „Ich finde keine Schuld an ihm."
Der Statthalter weiß nur, daß das Recht auf der Seite der Wahrheit zu sein hat und daß die Unwahrheit das Recht herausfordert. Daß Wahrheit darin bezeugt werden kann, daß hier einer sein Recht nicht wahrnimmt, daß er sich nicht verteidigt, daß er sein Recht opfert, das ist ihm eine fremde Welt. Denn die Wahrheit über uns selbst erfahren wir erst, wenn unser Recht uns unwichtig geworden ist. Daß Christus dieses Wort „Ich bin die Wahrheit" in der Nacht vor seinem Tode und in der Stunde seiner Verurteilung spricht, ist ein Maß, das für jeden gilt, der nicht Wahrheit allgemein, sondern die Wahrheit über sich selbst zu ergründen sucht.

◆

Er hat keine Sünde begangen. Niemand hat je Lüge oder Täuschung an ihm erlebt. Als man ihn schalt, gab er nicht zurück. Er litt, aber er drohte nicht. Er gab seine Sache dem in die Hand, der am Ende gerecht richten wird. Alle unsere Sünden hat er mitgenommen, als man seinen Leib ans Kreuz schlug, und hat sie alle durchlitten, ohne zu sagen: „Mich geht all dies Unrecht nichts an. Ich bin unschuldig." Nun sollen auch wir nicht mehr schuldig werden, indem wir uns für uns selbst gegen das Unrecht wehren, sondern gerecht sein, das heißt handeln wie er. Er ist für euer Unrecht verwundet worden. Nun seid ihr heil und sollt heil bleiben.

1. Petrus 2, 22–24

Mein halbes Leben, Christus,
bringe ich damit zu,
mir selbst und anderen zu beweisen,
daß ich recht habe
und die Wahrheit auf meiner Seite ist.
Darum bin ich unfähig, den Weg zu gehen,
den du für mich bestimmt hast.

Ich will mein Recht,
darum werde ich an der Wahrheit schuldig.
Ich streite um mein Recht,
und meine Waffe ist die Unwahrheit
oder das, was ich für die Wahrheit halte.
Aber weil ich mein Recht suche,
habe ich keinen freien Blick für die Wahrheit.

Dein Wort ist die Wahrheit.
Dein Wort hilft mir,
mich nicht zu wehren, wenn ich ja sagen soll,
nicht auszubrechen, wenn ich stillhalten soll,
und das Ziel nicht zu verfehlen,
an dem ich dich, die Wahrheit, schauen soll.

Ich bin krank von der Mühe,
Tag für Tag auf mein Recht zu pochen.
Heile du mich, Christus,
sei du die Wahrheit meines Lebens
und meines Leidens.
Denn ich werde erst heil sein,
wenn mein Unrecht und deine Wahrheit
mich überwunden haben.

Du bist die Wahrheit.
Laß mich diesen Schritt mitgehen
und dir nahe sein.
Heilige mich in der Wahrheit.
Überwinde mich. Du bist die Wahrheit.

Verwundbar sein

Ein Kellergewölbe in der römischen Kaserne. Eine freistehende Säule. Ein gefesselter Mensch, an der Säule hängend. Angestrengte Gesichter der Prügelknechte, Peitschen in den Händen, „neunschwänzige Katzen", Lederriemen mit Eisenspitzen, und am Ende ein zerschlagener Mensch, den sie losbinden, hochzerren und dem Statthalter vorführen. Und der Statthalter zeigt ihn dem Volk: „Seht! Ein Mensch!"

Die Kunst der Antike stellte in der schönen Gestalt von Menschen Götter dar in der Hoffnung, das gottfeindliche Chaos in der Welt mit der Schönheit von Göttern zu bändigen. Der Glaube des Judentums zur Zeit Jesu sah das Leiden und die Zerstörung eines Menschen im Zusammenhang seiner Schuld. Nur ein gesunder, intakter Mensch hatte ein geordnetes Verhältnis zu Gott.

Seit Jesus wissen wir, daß der heile Mensch sich selbst offenbart, aber nicht Gott, daß er dies vielmehr in dem Maße tun kann, in dem er seine eigene Gestalt preisgegeben oder verloren hat. „Wer mich sieht, sieht den Vater", sagt Jesus im Zusammenhang seines bevorstehenden Leidens.

Seit Jesus sind Alter, Schwäche, Krankheit und Hilflosigkeit kein Fluch mehr. Sie geben dem Leidenden das Vorrecht, durch die zerbrechende Gestalt hindurch den leidenden Christus zu zeigen und so mit ihm eine Gestalt zu werden. Und das bedeutet auch, daß er auf diese Weise sich mit dem eigenen unansehnlichen, zugrunde gehenden Menschen versöhnen darf.

Auf den letzten Seiten des „Tagebuches eines Landpfarrers" läßt Bernanos den todkranken Seelsorger die Zeilen kritzeln: „Ich bin mit mir selbst versöhnt, versöhnt mit dieser armen sterblichen Hülle. Es ist leichter, als man glaubt, sich zu hassen. Die Gnade besteht darin, daß man sich vergißt. Wenn aber aller Stolz in uns gestorben wäre, wäre die Gnade der Gnaden, sich selbst demütig zu lieben als irgendeinen, wenn auch noch so unwesentlichen Teil der leidenden Glieder Christi."

Jesus Christus,
von dir spricht der Prophet:
„Er hatte keine Gestalt noch Schönheit.
Wir sahen ihn, aber da war keine Gestalt,
die uns gefallen hätte.
Er war am tiefsten verachtet und unwert,
voller Schmerzen und Leiden."
Unsretwegen bist du so zerschlagen.
Das Bild deines entehrten Leibes
zeigt, wie es mit meiner Seele steht,
die doch geschaffen war als Gottes Bild.

Du bist der Liebende,
darum achtest du nicht auf dich selbst,
sondern gibst dich hin
für die Heilung derer, die du liebst.
Du nimmst unsere zerstörte Gestalt an
und wirst uns ähnlich,
damit wir selbst ähnlich werden
dem Bild deiner Hingabe.

Du bist verwundbar, weil du liebst.
Du willst, daß auch wir verwundbar sind,
daß wir dir gleichen
und an deiner Liebe Halt finden,
wenn wir leiden.

Verwandle uns,
daß das Bild unsrer Armut
das Bild deiner Liebe zeigt,
so preisen wir dich,
Bild des unsichtbaren Gottes,
bis du uns vollendest in dir.

◆

Herr, an dich möchte ich denken,
dich erkennen, dich lieben.
Laß dies in mir wachsen,
bis du mich umgestaltest zur Vollendung.

Augustin

Schuld tragen

Es wird einer durch die Stadt getrieben. Soldaten vor ihm, neben ihm, hinter ihm. Am Straßenrand die Bevölkerung. Betroffen oder spöttisch. Lärm: „Hinaus mit ihm! Der kommt uns nicht wieder! Der soll nicht leben!" Und der so Umschriene trägt das schwere Querholz, das draußen an der Richtstätte an einem bereits dastehenden Pfahl befestigt werden soll und an dem er sterben wird.

Für das Auge des Zuschauenden hat dieses Querholz die Bedeutung des Fluchs. Wer es trägt, ist verflucht von Gott und den Menschen, ausgestoßen und verdammt. Er hat seine Schuld zu büßen. Er hat es sich selbst zuzuschreiben. Er trägt die Last seiner eigenen Gottlosigkeit. Die Urgemeinde sah hier das verwirklicht, was sie das „Gesetz Christi" nannte: daß einer des anderen Last trägt. Des anderen Last tragen heißt: sich selbst anrechnen, was der andere getan hat; das Leiden übernehmen, das aus fremder Schuld folgt.

Denn der Mensch erfüllt seinen Auftrag nicht, indem er als der unerschütterlich, weise und tolerant Gewordene durchs Leben schreitet, sondern indem er sich belasten, kränken, beschuldigen und ausstoßen läßt. So unterwegs sein mit Christus heißt: im Übergang, im Unterwegs leben zwischen dieser und der Welt, die kommt, und so auf dem Wege zum Leben sein.

◆

Man muß sein Kreuz tragen und nicht schleppen, und man muß es wie einen Schatz fassen, nicht wie eine Last. Durch das Kreuz allein können wir ja Jesus ähnlich werden. Wem er das Kreuz auflegt, den behandelt er als Freund.

Fénelon

◆

Du weißt nicht, wie schwer die Last ist, die du nicht trägst.

Afrikanisches Sprichwort

Jesus, du hast gesagt,
wer mit dir leben wolle, werde mit dir sterben.
das ist ein tiefer Trost in einem harten Wort.

Du willst, daß ich mich trenne
von meinen Lebenshoffnungen und Lieblingsgedanken.
Du willst, daß ich es mir gefallen lasse,
daß die Menschen mich mißverstehen.
Daß ich es ertrage, einsam zu sein.
Daß ich mich vor Schmerzen nicht fürchte
und die Angst vor dem Tode überwinde.

Du willst mich begleiten auf diesem Weg.
Du willst mir meine Schuld abnehmen,
damit ich die Schuld anderer trage,
als wäre es die meine.
Alle ihre Last. Ihre Verlassenheit,
ihre Eigensucht, ihre Gier und ihren Neid,
ihre Rücksichtslosigkeit und Bosheit.

Du willst, daß ich einsam hinausgehe,
wohin man die Schuldigen ausstößt,
damit ich lerne, mich an dich zu halten.
Mein letzter Weg wird ohnedies einsam sein,
wenn ich dich nicht habe.

Du willst, daß ich mein Teil trage
an dem Fluch, der über den Menschen liegt.

Hilf du mir tragen.
Ich danke dir, daß du mit mir trägst.

Das Leben verlieren

Der Hügel vor der Stadt mit den aufgerichteten Galgen. Drei Menschen an drei Kreuzen in der Qual eines entsetzlichen Sterbens. Spottende Zuschauer. Der Tod, der über einen langen Tag hin allmählich kommt.
Warum man sich dieses Bild immer wieder vor Augen stellt? Weil unsere Gefahr immer wieder die ist, das Leiden anderer zu übersehen und die eigene Schuld zu vergessen, und weil es nicht erlaubt ist, zu übersehen oder zu vergessen. Vor allem deshalb, weil hier einer unseren Tod stirbt und weil unser Tod durch den seinen frei wird von seinem Schrecken. Denn nun können Menschen sterben, ohne ihren Mördern zu fluchen. Nun können Menschen ihren Tod sterben im Frieden mit Gott und den Menschen als den Schritt in das Reich der Gerechtigkeit und Liebe Gottes. Sie verlieren ihr Leben und wissen, daß sie das Leben finden.

◆

Roger Péronneau, Student, geboren am 9. November 1920; zum Tode verurteilt am 23. März 1942; erschossen in Mont-Valérien am 29. Juli 1942 nach elfmonatiger Kerkerhaft, schreibt:

Innig geliebte Eltern, ich werde sogleich erschossen werden – um die Mittagsstunde, und jetzt ist es 9¼. Das ist eine Mischung von Freude und Erregung.
Verzeiht mir allen Schmerz, den ich Euch bereitet habe, jetzt bereite und noch bereiten werde. Verzeiht mir alle wegen des Bösen, das ich getan, wegen des Guten, das ich nicht getan habe.
Mein Testament ist kurz: ich beschwöre Euch, Euren Glauben zu bewahren. Vor allem: keinen Haß gegen die, die mich erschießen. „Liebet Euch untereinander!" hat Jesus gesagt, und die Religion, zu der ich zurückgekehrt bin und von der Ihr nicht lassen sollt, ist eine Religion der Liebe. Ich umarme Euch alle mit allen Fasern meines Herzens. Ich nenne keine Namen, denn es gibt deren zu viele, die in mein Herz eingeprägt sind.
Euer Euch innig liebender Sohn, Enkel und Bruder Roger

Ein jüdisches Gebet,
das aus einem KZ überliefert ist und dort gebetet wurde:

Friede sei den Menschen, die bösen Willens sind,
und ein Ende sei gesetzt aller Rache
und allem Reden von Strafe und Züchtigung.
Aller Maßstäbe spotten die Greueltaten;
sie stehen jenseits aller Grenzen menschlicher Fassungskraft,
und der Blutzeugen sind viele.
Darum, o Gott,
wäge nicht mit der Waage der Gerechtigkeit ihre Leiden,
daß du sie ihren Henkern zurechnest
und von ihnen grauenvolle Rechenschaft forderst,
sondern laß es anders gelten.
Schreibe vielmehr allen Henkern und Angebern und Verrätern
und allen schlechten Menschen zu und rechne ihnen an:
All den Mut und die Seelenkraft der andern,
ihr Sichbescheiden, ihre hochgesinnte Würde,
ihr stilles Mühen bei allem,
die Hoffnung, die sich nicht besiegt gab,
das tapfere Lächeln, das die Tränen versiegen ließ,
und alle Liebe und alle Opfer, all die heiße Liebe.
Alle die durchpflügten, gequälten Herzen,
die dennoch stark und immer wieder vertrauensvoll blieben
angesichts des Todes und im Tode,
ja auch die Stunden der tiefsten Schwäche.
Alles das, o Gott, soll zählen vor dir
für eine Vergebung der Schuld als Lösegeld,
zählen für eine Auferstehung der Gerechtigkeit.
All das Gute soll zählen und nicht das Böse.
Und für die Erinnerung unserer Feinde
sollen wir nicht mehr ihre Opfer sein,
nicht mehr ihr Alpdruck und Gespensterschreck,
vielmehr ihre Hilfe, daß sie von der Raserei ablassen.
Nur das heischt man von ihnen,
und daß wir, wenn alles vorbei ist,
wieder als Menschen unter Menschen leben dürfen
und wieder Friede werde auf dieser armen Erde
über den Menschen guten Willens,
und daß der Friede auch über die anderen komme.

Christus in uns

Von beidem spricht das Neue Testament: daß wir in Christus seien und daß Christus in uns sei. Wir sind „in Christus" durch die Taufe und den Glauben. Christus ist gleichsam der schützende Raum, in dem wir leben. Christus ist umgekehrt „in uns" durch den Geist Gottes. Er ist die schaffende und verwandelnde Kraft Gottes, die in uns am Werk ist. Beides deutet an, wie eng wir „mit ihm" zusammengehören, wie wir „durch ihn" zu Gott gelangen, wie wir uns „auf ihn" berufen und verlassen, wie er „über uns" ist als der Herr und Auftraggeber unseres Lebens, wie er „in uns" ist und uns umschafft, und wie er zuletzt „für uns" eintritt. Das Ziel, das mit all dem gemeint ist, beschreibt Paulus mit dem Wort: „Ich lebe, doch nicht mehr ich, sondern Christus lebt in mir."
So ist es auch zu verstehen, wenn wir „im Namen unseres Herrn Jesus Christus" beten, wenn wir Gott anreden „durch unseren Herrn Jesus Christus" oder ihn bitten „um unseres Herrn Jesus Christus willen". Wir stellen uns gleichsam an seinen Platz und sprechen zu Gott „in seinem Namen", das heißt, als wären wir identisch mit ihm. Wir sprechen die Gebete nach, die uns von Jesus Christus überliefert sind: „Unser Vater im Himmel", oder: „Nicht mein, sondern dein Wille soll geschehen", oder: „Vater, vergib ihnen", und sprechen also zu Gott „durch" sein Wort hindurch, gleichsam durch das Medium seines Gebets. Wir sprechen sein Wort, als wäre es unser eigenes, bis er selbst immer tiefer in unser Gebet eingeht.
Es ist keine übersteigerte religiöse Gefühligkeit nötig, um zu sagen: Ich in Christus. Christus in mir. Denn dies und nichts anderes ist das Ziel aller Bemühung um den Kreuzweg wie um den Glauben überhaupt.

◆

Wer sich Christus ganz ergibt, der wird und muß sein Bild tragen. Er wird zum Sohne Gottes, er steht neben Christus als dem unsichtbaren Bruder in gleicher Gestalt als das Ebenbild Gottes.

Dietrich Bonhoeffer

Vater im Himmel,
durch unseren Herrn Jesus Christus
reden wir zu dir und beten dich an.
Durch ihn kennen wir dich.
Wie wir zu dir beten sollen, hat er uns gezeigt.
Wir sprechen zu ihm und vertrauen dem Geheimnis,
daß er für uns weiterspricht zu dir.
Er ruft dich an: „Vater!",
und wir sprechen es ihm nach
und glauben, daß du bist, daß du hörst,
Vater im Himmel.

Um deines Sohnes Jesus Christus willen
reden wir zu dir und bitten dich.
Wir fassen den Mut, weil er neben uns ist.
Wir treten vor dich,
weil er sich vor uns gestellt hat.
Wir bitten, weil er für uns eintritt.
Sieh an, was er für uns getan hat,
und vergib uns alle unsere Schuld.
Laß uns gelten um seinetwillen,
der für uns gesprochen hat:
„Vergib ihnen, Vater im Himmel!"

Im Namen unseres Herrn Jesus Christus
reden wir zu dir und preisen dich.
Wir tragen seinen Namen.
Wir stehen vor dir in seiner Gestalt.
Wir sprechen zu dir mit seinen Worten.
Was wir bitten, ist sein Wille.
So lassen wir uns dir mit seinem Vertrauen
und sprechen in seinem Namen:
In deine Hände befehlen wir unseren Geist,
Vater im Himmel.

◆

Was soll der Mensch anders sein, als daß er
einen leeren Raum abgäbe, den die Kraft Christi
erfüllen und ganz einnehmen sollte?

Johann Albrecht Bengel

Der Student Christoph Probst, der dem Widerstand gegen
Hitler angehörte, schrieb am Tag seiner Hinrichtung 1943,
mit 24 Jahren, an seine Schwester:

Ich habe nicht gewußt, daß Sterben so leicht ist.
Ich sterbe ganz ohne Haßgefühle.
Vergiß nie, daß das Leben nichts ist
als ein Wachsen in der Liebe
und ein Vorbereiten auf die Ewigkeit.

Freiheit atmen

Es war fünfzig Tage danach. Sie wußten es später nicht mehr anders zu deuten als so, daß sie erzählten: Ein Wind kam von Gott. Ein Feuer kam, und wir waren verwandelt. Wir wußten, daß Christus bei uns ist. Wir konnten reden. Wir wußten, was wir zu tun hatten. Wir sahen plötzlich, wie der Weg, den wir mit Jesus gegangen waren, vor unseren eigenen Füßen weiterging: Er führte geradlinig zu den Menschen. Und nichts war uns mehr wichtig, als diesen Weg mit Jesus zu den Menschen zu gehen. Wir waren „ein Leib" mit ihm. Eine „Kirche".

Sie erinnerten sich: Als Jesus noch mit ihnen in Galiläa unterwegs war, fuhren sie eines Tages allein auf dem See Genezareth. Ein Sturm kam auf, und der kleine Kahn drohte zu kentern. Da kam Jesus in der Nacht über die Wellen gegangen, und ehe sie recht begriffen, waren sie am Ufer. Und sie verstanden: Ihr schwankendes Boot fuhr seinen Kurs in einem Wind, der von Gott kam. Daß sie in Gefahr gerieten, kam von Gott. Daß sie das Ufer erreichten, kam auch von ihm. Und Jesus ging ihnen ihren Weg voraus über die Wellen.

Noch weiter zurück erinnerten sie sich. Die Geschichte von der Schöpfung der Welt erzählte: Als noch alles in Finsternis und Wirrnis lag, da wehte Gottes Geist – einem Wind vergleichbar – über das Urchaos. Und als Gott dann sein Wort sprach, entstand eine Welt.

Und nun erlebten sie, wie es zugeht, wenn Gott Neues schafft: Wenn Gottes Geist hereinweht, hat der Mensch einen Weg vor sich, wo er bisher vor einer Wand stand. Er hat einen Auftrag, wo ihm bisher alles ohne Sinn schien, einen Begleiter, wo er allein war. Er darf sich ändern, wo er sich bisher vergeblich um eine Änderung seines Wesens bemüht hatte. Er ist ein „neues Geschöpf", nicht durch seine Bemühung, sondern durch die „Gabe des Geistes". Und wir Christen von heute tun gut daran, uns mit einer Besserung der Verhältnisse in der bestehenden Welt nicht zufriedenzugeben, auch wenn es sich lohnt, alle Kraft daran zu wenden, sondern das Neue, das andere, die „neue Welt" und den „neuen Menschen" mitten in den alten mit ganzer Seele zu erwarten, als ein Geschenk des Geistes Gottes.

Jesus, unser Christus,
du hast uns zugesagt,
du wollest uns deinen Geist senden,
daß wir Liebende werden,
daß wir glauben können und Frieden finden.

Indem ich dir danke, erkenne ich,
daß ich das dankbare Wort nicht aus mir selbst habe,
sondern du es in mich gelegt hast,
in mich undankbaren Menschen.

Indem ich mich vor dir beuge, erkenne ich,
daß ich mich nicht aus eigener Kraft hingebe,
sondern du selbst dich in mir beugst
und mein starres Herz es durch dich lernt.

Indem ich vor dir bleibe, erkenne ich,
daß ich nicht durch meine Treue bleibe –
die trägt nicht weit –,
sondern daß du mich festhältst.

Indem ich dich allein höre, erkenne ich,
daß es nicht meine Unabhängigkeit ist,
die mich frei macht von den anderen Stimmen,
sondern die Freiheit, die du mir geschenkt hast.

Indem ich mich allein auf dich verlasse,
verstehe ich,
daß du mir meine Sorge und Angst abgenommen hast
und Frieden und Vertrauen von dir sind.

Ich kann mich freuen. Ich habe keine Erklärung dafür.
Ich weiß nur: Das ist das Zeichen deines Geistes.
Ich halte die Menschen aus und erkenne:
Das ist dein Wunder in mir.

Jesus, mein Christus, ich bitte dich:
Gib mich nun nicht wieder mir selbst preis.
Laß mir dein Geschenk.
Ich danke dir. Amen.

Brot und Licht

Ich bin das lebendige Brot, das vom Himmel kommt.
Wer von diesem Brot essen wird, der wird leben in Ewigkeit.

Johannes 6, 51

◆

Lebendiger Christus, du hast dich geweigert,
Brot aus Steinen zu machen.
Du sagst, dein Wort sei mein Brot.

Aber auch das Brot aus der Erde ist von dir.
Seit Menschen leben,
bist du es, der sie speist.

Ich danke dir für das Brot aus der Erde
und für das Brot, das vom Himmel kommt.
Ich esse, was du gibst.

Ich möchte das Geheimnis begreifen,
daß ich von einem Wort leben soll.
Ich möchte in dein Wort eindringen,
bis es mir Brot ist.

Ich möchte das Geheimnis begreifen,
daß das irdische Brot von dir kommt.
Ich möchte es immer dankbarer essen,
bis ich dir begegne in meinem Brot.

◆

Du bist das Brot, vom Altar strömt dein Leben
in unser irdisch Leben ein.
Willst du dem Tische deinen Segen geben,
soll auch der Tisch geheiligt sein.
Was wir empfangen, wollen wir erheben,
wie du beim heil'gen Mahl getan.
Laß alle leben, Herr, von deinem Leben,
nimm auch die Toten gnädig an.

Reinhold Schneider

Aus der dunklen Erde
wächst das Brot.
Es braucht Licht, um zu gedeihen.

Du, ewiger Christus, hast das Licht geschaffen,
als du die Welt schufst,
durch deinen Geist und dein Wort.

Es wird ein Tag kommen,
an dem dieses irdische Licht verlöscht
und du selbst unser Licht bist.

Heute aber ist nötig, was du getan hast.
Du sagtest: Ich bin das Licht
und machtest die Blinden sehend.

Wir aber sind Lichter für diese Welt nur,
wenn du uns neu schaffst
durch dein Wort und deinen Geist.

Ich möchte das Geheimnis begreifen,
daß du das Licht der Welt bist.
Ich möchte deine Klarheit schauen,
bis ich Licht habe auf meinem Weg.

Ich möchte das Geheimnis begreifen,
daß das irdische Licht von dir kommt.
Ich möchte es immer dankbarer genießen,
bis es ganz aus dir leuchtet.

◆

Du sagst: Ich bin das Licht der Welt.
Wer mir nachfolgt,
wird nicht in der Finsternis sein,
sondern im Licht,
und in ihm das Leben gewinnen.

Johannes 8, 12

Auferstehung

In einer alten Kirche, in der ich oft gewesen bin und die ich sehr liebe, steht in der Stirnwand des Chors ein riesiges gotisches Fenster, eine glühend farbige Fülle von Geschichten aus dem Alten und dem Neuen Testament. Auf einem seiner Felder steigt ein Mann in weitem grünem Mantel auf einen Berg, zwei schwere Türflügel auf den Schultern. Eines Tages, so erzählt das Alte Testament, stieg Simson, der Anführer der Israeliten, allein in die Küstenebene hinab und übernachtete in der Stadt Gaza. Die Philister entdeckten ihn und beschlossen, ihn am anderen Morgen zu überfallen und umzubringen. Da stand Simson um Mitternacht auf, ging zum Stadttor, riß die Pfosten heraus, an denen die Türflügel hingen, und trug das ganze Tor bis zum Morgengrauen auf die Höhe eines Berges in Judäa.
In jenem Fenster steht seine Geschichte neben einer Auferstehung Christi. Das will sagen: Der hier für sein Volk in die feindliche Stadt hinabsteigt, den der Feind gefangen und überwunden glaubt, der um Mitternacht aufsteht, das Tor aufbricht und auf die Berge trägt, bis er im Morgengrauen siegreich über der Dunkelheit steht, ist für uns nicht Simson, sondern Christus.
Die Situation ist uns vertraut: Wir entdecken, daß es Ziele gibt, die wir in diesem Leben nicht mehr erreichen, daß Chancen verpaßt sind und Schuld nicht mehr beseitigt werden kann. Der Mauerring schließt sich, und wir können nur noch, durch eine lange Nacht gleichsam, abwarten, daß die Männer von Gaza ins Zimmer treten und mit ihnen der Tod. Da erzählt nun die Ostergeschichte, es sei einer aufgestanden, den der Tod schon umschlossen hatte. Er habe aber nicht nur ein Tor geöffnet und es wieder hinter sich geschlossen, er habe vielmehr das ganze Tor davongetragen. Christus, so sagt Paulus, ist der Erstling unter denen, die schlafen. Wir nun sollen hinter ihm hergehen aus dem schlafenden Häusermeer, mit ihm durch die Nacht auf den Berg steigen und, wenn die Sonne aufgeht, dort sein, wo man in die Freiheit hinübersieht.

Ich danke dir, lebendiger Christus, daß ich frei bin.

Du warst gefangen und bist frei,
und ich bin es mit dir,
frei von aller Enge und Angst.
Als freien Menschen hast du mich geschaffen,
und zur Freiheit der Söhne und Töchter Gottes
hast du mich bestimmt.
Ich bin nicht mehr mein Sklave
und nicht mehr mein Kerkermeister.
Ich brauche mir nicht zu mißtrauen.
Ich brauche mich nicht zu hassen.
Ich brauche mich nicht vor mir zu fürchten,
denn ich bin frei durch dich.

Du warst gefangen und bist frei.
Nun schaffst du mich neu zu einem freien Menschen.
Ich bin nicht mehr, was ich war.
Ich bin nicht mehr, was ich von mir selbst weiß,
sondern was du aus mir gemacht hast.
Du forderst keine Leistung.
Du verurteilst mich nicht wegen meines Versagens.
Ich bin dein.

Ich war gefangen und bin frei.
Ich bin auf deinen Namen getauft.
Ich bin und bleibe dein Erwählter,
neu geschaffen durch deinen Geist,
den schöpferischen.
Ich frage nicht mehr,
ob ich es verdiene, zu leben,
denn ich lebe durch dich.
Ich danke dir, Christus,
jetzt und in Ewigkeit.

Die wirkliche Zukunft
entspringt aus der Wirksamkeit
unseres Glaubens, unserer Hoffnungen
und unserer gemeinsamen Liebe.
Diese gewirkte Zukunft
muß unsere bloßen Vorstellungen
über die Zukunft
jeden Tag aufs neue
aus dem Felde schlagen.

Eugen Rosenstock-Huessy

◆

Du sagst: Ihr seid das Licht der Welt.
Die Stadt auf dem Berg
kann nicht verborgen sein.

Matthäus 5, 14

◆

Ist's etwas Großes, daß die Engel Gott loben?
Nein, denn wenn wir an ihrer Stelle wären,
würden wir es auch tun –
aber ich meine,
daß Hiob auf seinem Misthaufen Gott lobte,
das war etwas Großes,
und dies Lob gefiel Gott besser
als das Lob aller Engel.

Gerhard Tersteegen

Das Neue schaffen

Immer wieder werden im Alten Testament Menschen beauftragt, für andere das Medium zu sein, in dem sie Gott begegnen können. Die Bibel nennt sie „Knechte Gottes". Und immer wieder hören im Neuen Testament einfache Leute den Ruf, Jesus zu begleiten und ihm das nachzutun, was sie ihn tun sehen. Sie heißen „Jünger". Wer sich nicht zutraut, dafür geeignet zu sein, dem sagt Jesus in den Abschiedsreden: „Ich will dir den Tröster senden." Er meint den Geist. Der Geist tröstet, indem er dem Mitarbeiter Gottes das irdische Werk Jesu vor Augen stellt. Denn auch Jesus selbst war in den Augen seiner Zeitgenossen eine durchaus fragwürdige Gestalt. Auch er war nicht erfolgreich in unserem menschlichen Sinn.
Jesus nennt den Geist auch den „Anwalt". Denn wenn die Seinen nun auf dieser Erde wehrlos und armselig ihre Versuche anstellen, könnte ja einer kommen und sie anklagen: Ihr wollt Mitarbeiter Gottes sein? Und es könnte sein, daß der „große Ankläger" selbst – das Wort heißt im Hebräischen „Satan" – versuchte, ihnen das Elend ihrer Bemühungen vorzuhalten. Da tritt dann der Geist für sie ein. Er weist auf den armen, irdischen Christus und deckt die Armut seiner Nachfolger.
Es bedeutet viel, daß der Jünger, auf den die Berichte des Johannesevangeliums zurückgehen, nicht „ich" sagt, wenn er von sich erzählt, sondern: „der Jünger, den Jesus liebhatte". Vielleicht hatte er erkannt, wie wenig er ein „Ich" darstellt im Vergleich mit dem, der von sich sagt: „Ich bin", wie wenig es darauf ankam, daß sein Ich sich auswirkte und entfaltete, und wie sehr darauf, daß jenes andere, große Ich an seine Stelle trat. „Nicht ich, sondern Christus lebt in mir", sagt Paulus und spricht von seiner Arbeit. Und von hier aus kann er sagen: „Wo der Geist des Herrn ist, ist Freiheit", ist Sorglosigkeit. Es bedarf keiner Kraftanstrengungen mehr, Gott ähnlich zu werden, ein religiöses Genie zu werden oder ein bedeutender Mensch. Das Licht der Welt, sagt Paulus, sind wir nicht dadurch, daß wir uns in die Sonne verwandeln, sondern daß wir der „Mülleimer aller Leute" sind, bereit, die Bosheit und Torheit und die Verlassenheit der Menschen auf uns zu nehmen und damit zu tun, was Christus getan hat.

Christus, du hast uns gerufen.
Die Unruhe, die uns ergreift,
wenn wir dein Wort hören, beweist es.

Du kennst unsere Schwäche.
Du weißt, wie leicht wir den Mut verlieren.
Du weißt, wie ängstlich wir unsere Schritte setzen.
Aber du hast uns gerufen.
Darauf verlassen wir uns.
Wirke in uns, wenn es dein Wille ist.
Brauche uns und mache uns brauchbar.

Wir wissen nicht, ob etwas herauskommt
bei allem, was wir in deinem Namen tun.
Aber das Werkzeug braucht sich nicht zu ängsten
um den Sinn des Werks.
Wir sind dein Werkzeug.
Du hast uns in die Hand genommen.
Brauche uns.

◆

Gib, was du willst,
wieviel du willst und wann du willst.
Tu mit mir nach deinem Belieben,
wie es dir am besten gefällt
und so, daß man dich an deinem Werk erkennt.
Stelle mich hin, wo du willst,
und schalte frei mit mir in allen Stücken.
In deiner Hand bin ich.
Drehe und wende mich, wohin du willst.

Ich bin dein Knecht.
Ich bin zu allem bereit.
Denn ich will nicht mir selbst leben,
sondern dir,
und zwar ganz und gar
und so, wie es deiner würdig ist.

Thomas von Kempen

Das Glück wollen

„Da kam ein Aussatzkranker zu Jesus, flehte ihn an und warf sich vor ihm aufs Knie: Wenn du willst, kannst du mich heilen. Und der Mensch tat Jesus leid. Er berührte ihn mit der Hand: Ich will's tun. Du sollst gesund sein. Da schwand der Aussatz, und er wurde gesund" (Matthäus 8, 2.3).

Der Mitarbeiter Gottes muß darauf achten, daß er von seiner Arbeit nicht zu wenig erwartet. Es liegt nicht an ihm, ob Kranke an Leib oder Seele gesund werden. Aber er kann das Seine tun. Und es geschieht viel an Heilung einfach dadurch, daß jemand da ist, dem der Kranke „leid tut" und der sich um ihn kümmert. Der sich „Kummer" um ihn macht, heißt das. Das ist viel. Denn von Hause aus hat der Gesunde das instinktive Bedürfnis, gegenüber dem Kranken Abstand zu wahren. Nun verbindet er sich mit dem Kranken, und es entstehen Kräfte, die heilend wirken. Denn wir müssen verstehen, wie sehr der Mensch zwischen Leib und Seele eins ist, und müssen diesem Zusammenhang gegenüber sensibler werden. Wir müssen die Wechselwirkung zwischen dem Glauben und dem Zustand des Körpers verstehen und dabei barmherziger werden angesichts der Defekte auf der einen oder anderen Seite. Ich bin überzeugt, daß durch den Glauben, das heißt durch die Gegenwart Gottes zwischen dem Helfer und dem Leidenden viel mehr möglich ist, als wir heute für möglich halten.

Jesus will nicht, daß wir resignieren. Wir sollen es mit allem, worunter Gottes Geschöpfe leiden und was ihr Glück hindert, aufnehmen. Wir sollen darauf hinarbeiten, daß Menschen gesund sind und sich an ihrem Leben freuen. Gott hat ihnen das Leben gegeben. Wenn wir helfen, daß sie leben können, wirken wir mit Gottes Willen zusammen.

Lebendiger Christus, wo du gehst, verändert sich die Welt.
Du willst, daß wir mit dir gehen.

Du bist gekommen, damit die Blinden sehen,
die Lahmen gehen, die Aussätzigen rein werden
und die Armen die Liebe Gottes glauben.

Öffne uns die Augen, daß wir erkennen,
was Menschen leiden an Leib und Seele.
Stärke unseren Willen,
daß wir uns mit Leid und Qual der Menschen nicht abfinden.
Gib uns den Glauben,
daß wir ausblicken auf die Zeit,
in der du Leid und Qual überwinden wirst.

Du bist der Arzt. Heile uns,
damit unsere Füße Kraft haben, zu stehen,
unsere Hände Kraft, zu schaffen und zu segnen,
die Augen Kraft, zu erkennen, was in den Menschen ist,
die Ohren, das Leise zu vernehmen.

Wir beten deine Wunder an.
Christus, durch deine Liebe veränderst du die Welt.
Wir danken dir, daß du unser Glück willst.
Gib uns das Glück und den Frieden.

✦

Herr, indem ich mich mit der Liebe vereinige,
in der du auf der Erde gearbeitet hast
und immerfort wirkst ohne Unterlaß,
gehe ich an die Arbeit zu deinem Ruhm
und zum Segen der Mitmenschen.

Du willst, daß ich tätig sei.
Du hast gesagt: Ohne mich könnt ihr nichts tun.
So bitte ich, daß mein Tun wie ein Tropfen im Strom
vereinigt und vollendet sei
in deinem unendlichen, vollkommenen Werk.

Mechthild von Hackeborn, 13. Jahrhundert

Das Fest feiern

Einmal besuchte Jesus in Kana in Galiläa eine Hochzeit. Da stellte sich während des Festes heraus, daß sie zu wenig Wein hatten. Nun standen sechs steinerne Wasserkrüge da, und Jesus befahl: Füllt die Krüge mit Wasser! Und sie füllten sie bis zum Rand. Als aber der Festordner das Wasser kostete, trank er Wein und konnte sich nicht erklären, woher der Wein kam.

Johannes 2

Wer mit Jesus wirken will, versenke sich in die sieben Wunder, die das Johannesevangelium erzählt. Denn dort geht es immer um das Geheimnis der Verwandlung. Immer geht es um den Durchbruch einer geistigen Wirklichkeit in unsere Wirklichkeit herein. Die irdischen Zeichen, die diese Transparenz anzeigen, sind das Wasser, das Brot und der Wein. Eine Heilung geschieht am Teich Bethesda, eine am Teich Siloah. Auf dem Galiläischen Meer gebietet Jesus den Wellen. In der Wüste gibt er Brot. Auf einer Hochzeit gibt er Wein. Einem Vater, der um das Leben seines Sohnes bangt, sagt Jesus: Dein Sohn lebt. Lazarus, seinen toten Freund, ruft er mit einem Machtwort aus dem Grab.
Wenn das Volk des Alten Testaments sagen wollte, der Jammer gehe ihm über die Kraft, dann gebrauchte es das Bild des Wassers: Das Wasser geht mir über die Seele. Das Wasser war das Zeichen für Leiden und Todesgewalt. Der Wein war das Bild für die Fülle und das Fest. „Füllt die Wasserkrüge und schöpft", sagt Jesus. Und indem sie das Wasser des Leides schöpfen, indem sie gehorchen, geschieht die Verwandlung. Aus dem Wasser des Todes wird das Fest. Denn die Herrlichkeit Gottes offenbart sich nur, wo gehorcht und geschöpft wird, wo der Glaube bereit ist, durch merkwürdige und fremdartige Begebnisse hindurchzuschauen und dabei den Weg und das Werk Jesu zu betrachten, mehr noch, wo der Glaube selbst der Krug wird, in dem die Verwandlung des Daseins geschieht. Aber dann ist die Stunde, in der die Armut dieser Welt auf die Herrlichkeit Gottes hin transparent wird. Dann ist „Hochzeit". Und das geschieht keineswegs erst „drüben", sondern sehr diesseitig in einem festlichen Augenblick, den wir feiern.

Christus, wir preisen dich,
wir beten dich an,
wir rühmen deine Wunder.

Wir freuen uns an dem festlichen Tag,
den wir aus deiner Hand empfangen.

Wir danken dir für das Mahl
und für allen Überfluß, den wir genießen.

Wir danken dir für den Trank,
Sinnbild und Zeichen des Fests.

Wir danken dir für alle Liebe, die uns umgibt,
für alle Nähe von Menschen, die wir lieben.

Wir danken dir, daß du uns Grund gibst,
fröhlich und guter Dinge zu sein.

Wir danken dir für dein Geleit
bis zu dieser Stunde.

Wir freuen uns über alles, was gelingen darf,
und glauben dir, daß zuletzt unser ganzes Leben
gelingen wird,

wenn wir nach aller Mühe
dein Fest feiern in Ewigkeit.

✦

Einer der Rabbinen aus dem Chassidismus erzählte:

Wie man Geschichten erzählen soll? So, daß sie einem selbst helfen! Mein Großvater war lahm. Einmal bat man ihn, eine Geschichte von seinem Lehrer zu erzählen. Da erzählte er, wie der große Baalschem beim Beten zu hüpfen und zu tanzen pflegte. Mein Großvater stand und erzählte, und die Erzählung riß ihn so hin, daß er hüpfend und tanzend zeigen mußte, wie der Meister es gemacht hatte. Von der Stunde an war er geheilt. So soll man Geschichten erzählen!

Dem Tod widerstehen

Ein Mann namens Lazarus wurde krank und starb. Da sprach Jesus: Lazarus, unser Freund, schläft; ich will hingehen und ihn wecken. Als er ans Grab kam, lag Lazarus schon seit vier Tagen aufgebahrt. Martha, seine Schwester, eilte Jesus entgegen und rief ihm zu: Herr, wenn du dagewesen wärest, wäre mein Bruder nicht gestorben. Jesus antwortete: Dein Bruder soll auferstehen! Ja, ich weiß, erwiderte Martha, am letzten Tag der Welt. Aber Jesus antwortete: Die Auferstehung bin ich! Das Leben bin ich! Wer an mir festhält, wird leben, auch wenn er jetzt stirbt, und wer lebt und an mich glaubt, wird nicht sterben. Und Jesus schrie mit gewaltiger Stimme: Lazarus, komm heraus! Und der Tote kam heraus. Macht die Binden los! befahl Jesus, und laßt ihn nach Hause gehen.

Johannes 11

Wer mit Jesus wirken will und sich vor der Zukunft ängstet, spreche dieses Wort immer wieder nach: „Das Leben bin ich! Die Auferstehung bin ich!" Morgens beim Erwachen oder in den Stunden der Mutlosigkeit. In diesem Wort liegt die Rettung vor der Totenstarre, in der unzählige Menschen ihr Leben zubringen, die es nicht wagen, zu leben, weil sie sich selbst zu verlieren fürchten, oder auch die Rettung vor der Verzweiflung, in der einer die Welt nach festgelegten Zwangsläufigkeiten zu Ende gehen sieht und keine Zukunft für sie kennt als den physikalischen Tod.

Als die drei Frauen am Ostermorgen zu dem Grab kamen, in dem der tote Jesus lag, fragten sie sich: „Wer wälzt uns den Stein von der Tür des Grabes?" Der Tod war, das wußten sie, eine endgültige Sache. Das Grab und der schwere Stein davor waren der Beweis. Aber das Grab war nicht, wie sie meinten, das Ende. Es verwandelte sich. Ein Wort hörten sie: Er lebt! Und das Grab war plötzlich eine offene Stelle, durch die sie in eine andere Wirklichkeit hindurchsahen.

Ewiger Christus, in deiner Hand verwandelt sich die Welt.
Du sprichst:
Ich bin die Auferstehung und das Leben!
und alles ändert sich vor unseren Augen.

Unsere Erde, Schauplatz des Hasses,
wird zu deinem Reich, zur Stätte deines Wirkens.
In den Menschen, in ihrer Torheit und Armut
sehen wir die kommende Verklärung
deiner Geschöpfe.

Unsere Freude, die so rasch vorübergeht,
wird uns zum Anfang ewiger Freude,
der Augenblick des Glücks
zu einem Zeichen ewiger Fülle und Freiheit.

Nicht der Tod ist unser Erlöser,
weil er ein Ende macht.
Unser Erlöser bist du, der du den Anfang gibst.

Von dir, Christus, empfangen wir Leben,
wo der Tod regiert,
um hier, wo alles zu Ende geht,
aus der Fülle des Lebens zu wirken.

In dir kämpft das Leben gegen den Tod.
Durch uns soll Leben sein, wo Tod ist,
denn wir sind dein.

Sprich zu uns: Lazarus, komm heraus!
Diese Erde ist unser Grab.
Unser eigenes Wesen ist unser Grab.
Sprich dein Wort, daß wir leben!

◆

In Christus ist die Erde auferstanden.
In ihm ist der Himmel auferstanden.
In ihm ist die Welt auferstanden.

Ambrosius

Mit ganzer Seele wirken

Menschgewordener Christus, unser Auftrag ist von dir.
Du hast uns erwählt.
Du hast uns gesandt
zu denen in der Finsternis
und im Schatten des Todes.

Wir sollen nicht lärmen oder schreien,
wir sollen das zerdrückte Rohr nicht vollends zerbrechen
und den glimmenden Docht nicht auslöschen,
sondern dein leises und schützendes Wort sagen.

Gib uns einen klaren Blick für den Jammer der Menschen
und deine Einsicht in ihre Seele.
Gib uns Liebe für alles, was wir tun.
Gib uns Demut, daß wir es in deinem Namen tun.

Wir sehen dich vor uns.
Wir gehen deinen Kreuzweg mit.
Wir möchten in deiner Nähe leben.
Wir möchten dir zusehen,
damit wir, was wir tun, ganz tun.
Wir danken dir für das Glück,
mit dir, neben dir zu wirken.

Wir bitten nicht um Erfolg, sondern um deinen Segen.
Nicht, daß du uns von unserer Mühe befreist,
bitten wir, sondern daß du uns bewahrst
vor den Mächten der Finsternis.

In deinem Auftrag, Christus, soll alles geschehen.
Durch deinen Geist
und einer verwirrten Welt zugute.

Wollen, was Gott will

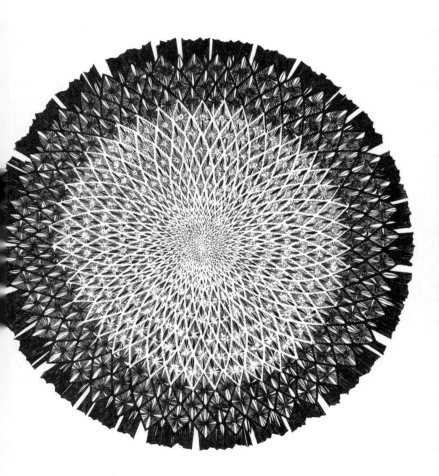

Dem Weg gehorchen

Wenn das Volk von Jerusalem in der Zeit des Alten Testaments sich zum Gottesdienst versammelte und das Heiligtum betrat, sang es den Psalm, in dem es heißt: „Gehet zu seinen Toren ein mit Danken." Das Tor, aus hartem Stein gebaut, war nicht nur ein Bauwerk, sondern darüber hinaus ein Gleichnis.

Wer den Vers mitspricht, mag sich daran erinnern, wie er einmal durch das Tor einer Burg in einen engen Hof eintrat, durch das Tor einer alten Klosteranlage in eine kleine, abgeschiedene Welt, durch das Tor einer Kirche in einen hohen, stillen Raum. Da löst sich aus dem Gewirr der vielen kreuz und quer laufenden Wege ein einzelner, bestimmter, und man geht – es gibt gar keine andere Möglichkeit, denn rechts und links stehen die Mauern – einige Schritte lang durch einen engen und schmalen Torraum, aus der Freiheit in eine andere Freiheit.

Ein Tor sollte man dann und wann bewußt durchschreiten. Die Schwelle, die Pfeiler oder die Türbalken haben etwas zu sagen. Man wird merken, wie durch einen solchen Schritt ein wenig Freiheit und Klarheit in unser Gehen kommt. Es ist ja nicht dasselbe, innerhalb oder außerhalb eines Tors zu stehen. Das Tor ist die Grenze zwischen drinnen und draußen, zwischen Fremde und Behausung, Freiheit und festgelegter Ordnung; Es ist nicht gut, eine solche Grenze zu verwischen. Für das Volk des Alten Testaments war das Tor zum Heiligtum die Grenze zwischen Fremde und Gottesnähe, Verlassenheit und Gnade. Und die Baumeister unserer mittelalterlichen Kirchen haben das mit ihren starken Mauern, den Türmen über den Toren und den vielen Bildern vom Letzten Gericht über den Torbalken eindringlich dargestellt: daß das Tor eine Grenze ist und daß man eine solche Grenze nur durchschreiten soll, wenn man zuvor verstanden hat, was man tut.

In einem Tor schneiden sich zwei kräftige Linien: die Mauer und der Weg. Die Grenze und die Freiheit. Wenn nun jemand sagt: Nicht mein, sondern dein Wille geschehe, geht er über diesen Schnittpunkt. Er gibt es auf, mit dem Kopf durch die Wand zu wollen, und geht, dem Weg gehorchend, in die Freiheit.

Ich möchte wollen, Gott, wie du willst.

Ich gehe meinen Weg durch die Tage,
durch unzählige Tore.
Aus einem armen, leeren Tag in die Ruhe der Nacht,
aus der Ruhelosigkeit einer Nacht in einen reichen Tag.
Abend und Morgen sind die Tore, durch die du mich führst.

Meinen Weg gehe ich
und begegne Menschen.
Ich finde ihr Geschick, ihre Wünsche,
ihr Leid und ihre Mühe.
Ich möchte, daß du mich führst,
wenn ich zu den Menschen komme,
damit ich dich finde in ihren Gesichtern.

Dich suche ich, mein Gott,
auf meinen vielen Wegen.
Ich finde dich nicht,
wohin ich mich auch wende,
wenn du mir nicht das Tor öffnest.
Du selbst bist das Tor.
Ich will es durchschreiten
und dich finden.

Mich selbst suche ich.
Aber ich finde keinen Weg zu mir.
Ich irre in mir selbst und bitte dich:
Führe mich durch den Irrgarten meiner Seele
und zeige mir die Tür,
durch die ich zu dir eintreten darf,
damit ich nicht bei mir, sondern bei dir wohne.

Gott, du willst, daß ich meinen Weg finde.
Du willst, daß ich glücklich bin
und an ein Ziel gelange.
Ich möchte wollen, wie du willst.

Rückblick

Ich erinnere mich. Ich blicke auf eine mehr oder minder lange Folge von Jahren zurück und frage mich, welchen Wert dies alles hatte. Das ist gut und ernüchternd. Gefährlich allerdings ist die Frage, die ich anschließe: Welchen Wert ich demnach selbst haben müsse. Denn diese zweite Frage bedeutet, daß ich nicht eigentlich zurückblicke, sondern mich selbst ins Auge fasse, daß ich mich in ein Karussell setze, das um meine eigene Person kreist und das mir, wenn es nur lange genug in Bewegung ist, auf alle Fälle die Sinne verwirrt.

Die Selbstkontrolle, die ans Licht fördert, was ich zuwege gebracht habe, was mir mißlungen, was von meiner Mühe übrig geblieben ist, ist gut. Aber bei eben dieser Bemühung, sich selbst ins Auge zu fassen, wuchern die Selbsttäuschungen. Die Mogeleien schleichen sich ein. Irgend etwas muß doch übrig geblieben sein? Also bleibt etwas übrig. Irgendeine Bedeutung muß ich für die Menschen doch wohl gehabt haben? Also hatte ich sie, die Bedeutung. Aber der Sinn, nach dem man sucht, zeigt sich nicht.

Es ist schrecklich, zuzusehen, wie ältere Menschen irgend etwas aus den Leistungen ihres Lebens herauskramen und sich daran festhalten, wie sie sich an Wirkungen trösten, die von ihnen ausgegangen sind. Es ist deshalb schrecklich, weil sich hier, an Unklarheit und Selbstbetrug, ständig Angst und Unsicherheit nähren.

„Habe deinen Weg lieb", hat einer gesagt, „denn er ist der Weg des Lebens, und ihn schilt nur, wer ihn nicht versteht." Nimm alles so, wie es geschehen ist, und betrüge dich nicht selbst. Denn aus diesem Ja zum eigenen Schicksal wächst die Gelassenheit, deren der zurückblickende Mensch so sehr bedarf. Aus diesem Ja wächst die Zuversicht, daß Gott meinen „Wert" anders und besser bestimmt, als es mir selbst möglich ist, und daß er andere Maßstäbe dafür hat als mein Wohlverhalten und meine Leistung. Es kann durchaus ein Zeichen für die Übereinstimmung des Willens zwischen Gott und einem Menschen sein, wenn der Mensch fähig ist, im Rückblick auf sein Leben auch sich selbst ein wenig zu lieben, ohne sich etwas vorzumachen.

Wenn ich zurückblicke, mein Schöpfer,
begegne ich dir und deinem Willen.

Dein Wille ist geschehen,
als ich die Taufe empfing,
und ich bin nun nicht mein eigener Herr,
sondern dein Eigentum.
Ich bejahe deinen Willen.

Dein Wille ist geschehen
auf allen merkwürdigen Wegen,
die du mich geführt hast,
in allem Unerklärlichen und Seltsamen,
das in meinem Leben geschehen ist.
Ich bejahe deinen Willen.

Dein Wille ist geschehen
in den Tagen, an denen ich glücklich war,
an denen ich Liebe empfangen
und Erfüllung und Freude gefunden habe.
Alles Glück ist in Gefahr. Das hast du bestimmt.
Ich bejahe deinen Willen.

Dein Wille ist geschehen
auch auf allen dunklen Wegen
des Elends und der Angst.
Ich danke dir, daß ich nicht zugrunde ging.
Ich danke dir, daß ich meine Schuld nicht büßen muß.
Ich danke dir, daß ich eins bin mit dir
und nicht zerfallen mit mir selbst.

Dein Wille ist meine Kraft
in meiner Schwäche.
In nehme deine Kraft an und vertraue ihr.
Dein Wille ist es, der mich weiterführt
bis zum Ende meiner Tage und weiter.
Dein Wille geschieht. Ich bitte dich,
daß er geschieht, auch durch meinen Willen.

Dank

Das Danken fängt im Kleinen an, es richtet sich zunächst nicht auf Gott, sondern auf Menschen, und es besteht darin, daß man einen Menschen deshalb achtet und zu ihm steht, weil man etwas durch ihn empfangen hat. Die jüdische Weisheit sagt: „Wirf keinen Stein in einen Brunnen, aus dem du getrunken hast."

Es macht heute vielen Menschen Mühe, zu verstehen, was das eigentlich heißen solle, Gott zu „danken". Was geschieht eigentlich dabei außer ein paar Worten? Wenn die Afrikaner einem Menschen danken, dann beschreiben sie sehr anschaulich, was sie damit tun. Der Basuto dankt mit den Worten: „Das hast du gut gemacht!" Der Herero sagt: „Das war nötig!" Der Zulu: „Du bist mir eine gute Milchkuh!" Indem einer dankt, verläßt er sich darauf, daß der andere wieder so handeln wird, wenn es wieder nötig ist. Das Leben wird verläßlicher unter denen, die einander danken, und die Übereinstimmung zwischen den Gedanken des einen und des anderen, dem Willen des einen und des anderen wird größer.

◆

Rabbi Michael, ein Chassid, lebte in großer Armut, aber die Freude verließ ihn nicht für eine Stunde. Jemand fragte ihn, wie er jeden Tag beten könne: „Gesegnet, der mir alles, dessen ich bedarf, gewährt." Er wisse doch, daß ihm alles, wessen der Mensch bedarf, fehle. „Sicherlich ist, wessen ich bedarf, die Armut. Und die ist mir gewährt", antwortete der Rabbi.

◆

Im normalen Leben wird es einem gar nicht bewußt, daß der Mensch unendlich mehr empfängt, als er gibt, und daß Dankbarkeit das Leben erst reich macht. Man überschätzt leicht das eigene Wirken und Tun in seiner Wichtigkeit gegenüber dem, was man nur durch andere geworden ist.

Dietrich Bonhoeffer

Alles, ewiger Gott, kommt von dir:
Schutz und Gefahr, Licht und Finsternis.
Ich danke dir, daß ich das weiß.

Nichts geschieht von selbst.
Daß es Tag wird, danke ich dir,
und daß es Nacht wird
und der Tag sein Ende findet.
Nichts ist selbstverständlich,
was bei Tag oder Nacht geschieht.

Millionen Jahre waren, ehe es mich gab.
Jahrmillionen werden vielleicht nach mir sein.
Irgendwo in ihrer Mitte sind ein paar Sommer,
in denen für mich Tag ist auf dieser Erde.
Für diese Spanne Zeit danke ich dir.
Es ist nicht mein Recht, daß ich sie genieße.

Alles, was geschieht, ist ein Geschenk für mich.
Alle Wahrheit, die ich verstehe, ist ein Geschenk,
alle Liebe, die ich gebe oder empfange,
alle Lebenskraft, die mich erfüllt.

Alles, was mir einfällt, ist dein Gedanke.
Von wo sollte es mir einfallen,
wenn nicht von dir?

Alles, was mir zufällt, ist deine Gabe.
Von wem sollte es mir zufallen,
wenn nicht von dir?

Alles, was mir schwer aufliegt, ist dein Wille,
für den ich dir danke.
Wer sollte es mir auflegen, wenn nicht du?

Was ich bin und habe, ist dein Wunder.
Denn in allem schaue ich dich.
Gott, ich danke dir, daß ich deinen Willen schaue,
und danke dir mit meinem ganzen Herzen.

Führung

Ich denke da an mich selbst, wie es in mir hin und her treibt und bald dies und bald das die Herrschaft hat – und daß das alles ein einziges Herzquälen ist und ich dabei auf keinen grünen Zweig komme. Und dann denke ich, wie gut es für mich wäre, wenn doch Gott allem Hin und Her ein Ende machen und mich selbst führen wollte.

Matthias Claudius

✦

O Herr, gütiger Vater,
ich begehre nicht das Deine, sondern dich.
Dich selbst will und suche ich.
Es ist gut so,
daß du mir gibst, soviel du willst,
und aus mir machst, was du willst.
Du hast das Recht und die Einsicht.
Du bist der Herr,
ich aber dein armer, unbrauchbarer Knecht.
Du hast Recht und Gewalt über mich,
ich nicht über dich.
Darum will ich unablässig an dich denken
und mein Herz mit deiner Güte stillen.
Ich will weder sein noch nicht sein,
weder leben noch sterben,
weder wissen noch nicht wissen,
weder haben noch entbehren:
Allein was du willst, wieviel du mir geben willst,
darauf will ich täglich warten und dich gleich lieben.

Caspar Schwenckfeld

✦

Ich hasse von Herzen die großen Sorgen, von denen Du, wie Du schreibst, verzehrt wirst. Daß sie Dein Herz so beherrschen, daran ist nicht die Größe der Gefahr, sondern die Größe unseres Unglaubens schuld.

Martin Luther in einem Brief an Melanchthon

Gott aller Güte, in deinen Händen
sind mein Leib und mein Geist.
Ich kann mein Leben nicht planen,
nicht machen und nicht voraussagen.
Aber ich danke dir,
daß ich deine Führung erkenne.

Ich staune
über den Plan, nach dem mein Leben verläuft.
Über die Wendungen, die mein Schicksal nahm,
und über seine Geradlinigkeit.

Du greifst ein, und manchmal erkenne ich,
daß es so kommen mußte.
Du machtest meine Gedanken und Pläne zunichte,
und am Ende entdeckte ich: So war es gut.

Ich weiß, mein Gott,
daß du mich am Leid nicht vorbeiführst,
aber du führst mich hindurch.
Und wenn ich im finsteren Tal wandere
und deine Hand nicht finde,
so fürchte ich doch kein Unglück,
denn du bist bei mir.

Ich vertraue dir, liebender Gott,
auch wenn ich nichts verstehe.
Ich überlasse mich dir.
Tu du mit mir, was du willst.

Ich lege mich in deine Hand und danke dir,
wenn ich immer besser lerne,
dies und sonst nichts zu wollen.
Einzig dies wünsche ich,
daß dein Wille sich an mir erfüllt.

Bejahung

Ich glaube an dich, Herr,
aber mache meinen Glauben fest.
Ich hoffe auf dich, aber stärke du meine Hoffnung.
Ich liebe dich, aber gib mir glühendere Liebe.
Ich bereue, aber hilf mir tiefer bereuen.
Dir weihe ich meine Gedanken,
daß ich an dich denke,
meine Worte,
daß ich von dir spreche,
meine Taten, daß ich sie nach dir einrichte,
meine Leiden,
daß ich sie dir zuliebe ertrage.
Ich will, was du willst, weil du es willst,
so, wie du es willst,
so viel du willst. Amen.

Clemens XI.

✦

Nichts tröstet mächtiger als die Gewißheit, mitten im Elend von der Liebe Gottes umfangen zu werden.

Johannes Calvin

✦

Es gefällt dem Herrn,
in der Nacht zu kommen,
darum fürchte die Nacht nicht.

Heinrich Jung-Stilling

✦

Wir dürfen nicht erwarten, im Federbett in den Himmel zu kommen. Das ist nicht der Weg, auf dem unser Herr dorthin kam. Sein Weg führte ihn über große Qual und viel Trübsal. Der Knecht darf nicht erwarten, es besser zu haben als sein Meister.

Thomas Morus

Mein Vater, ich überlasse mich dir,
mach mit mir, was dir gefällt.
Was du auch mit mir tun magst, ich danke dir.
Zu allem bin ich bereit, alles nehme ich an.
Wenn nur dein Wille sich an mir erfüllt
und an allen deinen Geschöpfen,
so ersehne ich weiter nichts, mein Gott.
In deine Hände lege ich meine Seele;
ich gebe sie dir, mein Gott,
mit der ganzen Liebe meines Herzens,
weil ich dich liebe und weil diese Liebe mich treibt,
mich dir hinzugeben,
mich in deine Hände zu legen, ohne Maß,
mit einem grenzenlosen Vertrauen;
denn du bist mein Vater.

Charles de Foucauld

✦

O Herr, ich lege mich ganz in deine Hände.
Mache mit mir, was du willst!
Du hast mich geschaffen für dich.
Was willst du, daß ich tun soll?
Gehe deinen eigenen Weg mit mir!
Sei es wie immer, Freude oder Pein: ich will es tun.
Ich opfere dir diese Wünsche,
diese Vergnügungen, diese Schwächen,
diese Pläne, diese Neigungen,
die mich fernhalten von dir
und mich zurückwerfen auf mich selbst.
Ich will das sein, wozu du mich haben willst,
und all das, wozu du mich machen willst.
Ich sage nicht: „Ich will dir folgen, wohin du gehst",
denn ich bin schwach. Aber ich gebe mich dir,
daß du mich wohin immer führst.
Ich will dir folgen
und bitte nur um Kraft für meinen Tag.

John Henry Newman

Herr, ich weiß nicht,
um was ich dich bitten soll.
Nur du weißt, was ich brauche.
Du liebst mich besser,
als ich mich selbst zu lieben weiß.
O Vater, gib deinem Kinde,
wovon es selbst nicht weiß,
wie es dich darum bitten soll.
Ich wage nicht zu bitten,
ich bringe einfach mein Herz dir dar
und öffne es für dich.

Sieh an meine Not, die ich selbst nicht kenne;
sieh her und sorge für mich in deiner Güte.
Verwunde oder heile,
beuge mich nieder oder richte mich auf;
ich bete all deine Ratschlüsse an,
ohne sie zu kennen.
Ich schweige nur;
ich bringe mich dir zum Opfer,
ich gebe mich dir hin.
Ich habe kein anderes Verlangen,
als deinen Willen zu tun.

Fénelon

Trotz allem glauben

Ich opfere dir auf, o Gott, meinen Geist. Ich opfere dir auf mein Herz mit all seinen Befürchtungen und Wünschen ohne jeglichen Vorbehalt. Ich opfere dir auf meine Seele mit all ihren Fähigkeiten. Ich opfere dir auf meinen Leib, meine Gesundheit, meine Kräfte, mein Leben; verfüge darüber nach deinem Wohlgefallen.
Mein Herz ist bereit, o Gott, mein Herz ist bereit! Es ist bereit, Glück zu empfangen oder in Unglück gestürzt zu werden; es ist bereit, alles zu tun, alles zu dulden; es ist bereit zu leben, bereit zu sterben; es ist bereit zu allem, was du in Zeit und Ewigkeit darüber verhängen magst.

Johannes Crasset

◆

Wer so sprechen kann, ist glücklich. Wir wissen aber, daß auch ein Heiliger die Überschwenglichkeit eines solchen Gebets nicht jeden Tag und jede Stunde durchhält. Nicht, weil er zu menschlich und zu schwach ist, sondern deshalb, weil es von Gott so geordnet ist, daß auch die, die ihm ihren Willen opfern, dieses Opfer von Mal zu Mal neu durchbuchstabieren müssen.
Wer den Willen Gottes bejaht, hat damit nicht seine Not überwunden. Er hat noch keine Deutung für seine Schwermut und sein Elend. Er ist vielleicht im Gegenteil sensibler geworden für die Abgründigkeit seines Leides und anfälliger für alle dunklen Gedanken. Er weiß noch lange nicht, daß es ein Durchkommen gibt, ein Ziel, eine Befreiung, eine Heimkehr, eine Lösung aller Fragen. Er glaubt es. Das ist, am Maß des Elends gemessen, wenig. Es ist aber das Größte, das er in dieser Welt erlangen wird.

◆

Du sollst, wenn ein Leiden da ist, dich nicht mit dem Ende desselben trösten, sondern du sollst dich demselben unterwerfen, solange es währt, und dabei dich zugleich auf ein kommendes vorbereiten.

Heinrich Suso

Herr, ich bejahe deinen Willen.
Ich möchte ihn bejahen.
Hilf mir. Ich kann es nicht allein.

Ich bin stumm und stumpf in mir selbst.
Ich fange nicht einmal damit etwas an,
daß ich zu dir spreche.

Ich weiß, daß du mich hörst,
und ich weiß dennoch nicht, warum ich sprechen soll.

Ich weiß, daß du mich führst,
und weiß dennoch keinen Weg.

Ich weiß, daß du mir mein Geschick zuteilst,
und kann es dennoch nicht annehmen.

Ich weiß, daß du meine Seele hebst und trägst,
und versinke dennoch in meinen schweren Gedanken.

Ich weiß, daß mein Wille und der deine eins sind,
und werde dennoch meine Angst nicht los.

Ich weiß, daß du mir Freiheit zugedacht hast,
und lebe doch im Kerker.

Ich weiß, daß dein Zeitplan anders ist als der meine,
und habe dennoch keine Geduld.

Es ist leer in mir. Ich wiederhole die Worte,
die ich früher einmal verstanden hatte.
Sprich du wieder zu mir, daß ich dich höre.
Ich habe dein Zeichen vor mir, dein Kreuz.
Ich weiß, daß ich dir am nächsten bin,
wenn ich mich ängste.
Ich weiß, daß du mich hältst, auch wenn ich falle.

Nein, Herr, ich weiß es nicht. Ich glaube es.
Ich möchte es glauben.
Trotz allem. Hilf mir.

Verlorenheit

„Des Menschen Sohn ist gekommen, zu suchen und zu retten, die verloren sind." Wer sind die Verlorenen? Ein Pfennig, der unter dem Schrank liegt, ist verloren, weil ihn dort keiner sucht. Ein Ring, der von einer Brücke in einen Fluß fällt, ist verloren, weil das Wasser über ihn hinwegströmt und der Sand ihn zuspült und es sich nicht lohnt, ihn dort zu suchen.

Das ist entscheidend: Es lohnt sich nicht. Es ist zu mühsam. Wer wird sich die Mühe machen, einem seelisch kranken Menschen in die verborgenen Kammern seiner gequälten Gedanken zu folgen? So bleibt er allein. Bleibt „verloren". Niemand findet ihn. Niemand fängt etwas mit ihm an. Niemand braucht ihn. Niemand kann ihm sagen, wozu es ihn gibt. Und in der Regel sind freundliche Erklärungen oder Hinweise auf seine Nützlichkeit kein Trost für ihn. Er bleibt der Gemiedene, der Gezeichnete, der Ungeliebte oder der Vergessene.

Christus sagt, er sei gekommen, die Verlorenen zu retten. Er begab sich dorthin, wohin andere ihren Mitmenschen nicht folgen, und sagte ihnen mit anderen Worten, Gott habe ein Bild von ihnen bewahrt durch alle Zerstörung und Verkümmerung der Seele hindurch. Auch ihr Leben habe den Sinn, daß es geliebt sei.

◆

Herr Jesus Christus,
wie viele Male wurde ich ungeduldig.
Wollte verzagen,
wollte alles aufgeben,
wollte den furchtbar leichten Ausweg suchen:
die Verzweiflung.
Aber du verlorst die Geduld nicht.
Ein ganzes Leben hieltest du aus und littest,
um auch mich zu erlösen.

Sören Kierkegaard

Christus, mein Hirte, du hast mich gefunden.
Das will ich festhalten.
Aber ich selbst habe mich verloren.

Ich sehe nicht, wozu ich durchhalten soll.
Ich sehe kein Ziel und keinen Sinn,
keine Gerechtigkeit und kein Erbarmen.
Es fehlt nichts, wenn ich fehle.
Es hilft niemandem, wenn ich mich überwinde.
Niemand kennt mich, wie ich wirklich bin,
auch nicht ich selbst.

Ich habe keinen Ausweg,
als auf dich zu sehen.
Ich komme aus deiner Hand.
Du hast mich nach deinen Gedanken gemacht,
du hattest ein Bild von mir.
Und einmal werde ich dich finden,
und du wirst mich vollenden
zu dem, der ich in deinen Augen bin.

Du bewahrst mein Bild bei dir
in der Zeit der Finsternis und der Verlorenheit
und rufst mich wieder, wenn es Zeit ist.

Das höre ich:
Am Morgen des Ostertags
stand Maria vor dem Grab und weinte.
Am hellen Tag stand sie in der Finsternis.
Da sagtest du: Maria!

Mein Hirte, sprich mich an mit dem Namen,
den ich bei dir trage,
und verwandle mich,
befreie mich, erlöse mich,
daß ich dich finde.

Christus, ich bin nichts.
Aber ich bin dein.

Zweifel

Ich gehe meinen Weg so durch den Tag.
Ich sehe die Menschen, ich höre sie.
Ich tue, was ich tun muß,
und hoffe, daß mir das eine oder andere gelingt.
Aber Gott ist weit entfernt.
Ich fühle ihn nicht. Ich höre ihn nicht.
Jedes Geldstück ist wirklicher als er.

✦

Natürlich weiß ich,
daß du der heilige Gott bist.
Ich weiß, daß deine Ferne täuscht
und daß du bedrängend nahe bist.
Natürlich weiß ich, daß du mich forderst,
daß du mich prüfst und meinen Unglauben anklagst.
Ich weiß natürlich auch,
daß ich nirgends behütet bin als bei dir.

Aber ich lebe, als wäre das alles nicht wahr.
Das ist es: Es ist mir unwichtig.
obwohl ich es weiß.
Und wenn ich zu dir spreche,
dann ist es leer hinter den Worten.

Vielleicht wehre ich mich dagegen,
daß ich schuldig sein soll,
und schließe mich gegen dich ab.
Vielleicht fürchte ich mich davor,
daß du mir meine Masken wegnimmst
und ich dastehen soll mit meinem eigenen Gesicht
und meiner ganzen Unklarheit.

Ich bitte dich nicht darum, daß der Zweifel endet,
sondern daß ich dein bleibe trotz allem.
Ich bitte dich um die Gnade der Geduld,
mich selbst zu ertragen, bis ich wieder glaube.
Um Geduld, bis du wieder sprichst
und wieder Klarheit ist zwischen dir und mir.

Ich bin nicht gottlos.
Nein, ich lebe, als gebe es keinen Gott,
und glaube dennoch an ihn.
Viele sehe ich, denen es geht wie mir.
Christus, ich bitte dich für sie alle.

Ich bitte aber auch für alle,
die deshalb nicht glauben,
weil wir Glaubenden gespalten sind;
für alle, denen wir im Weg stehen,
weil es uns nicht gelingt,
glaubwürdig mit dir zu leben.

Ich weiß, auch der Glaube hat seine Gezeiten,
seinen Tag und seine Nacht.
Er kommt wieder, wenn ich gewartet habe,
einen langen Tag oder eine lange Nacht.
Ich weiß, daß es mir nicht an der Begabung fehlt,
sondern an der Treue,
und daß ich dich wieder fassen werde,
wenn ich nicht weglaufe.
Ich werde beten, auch wenn du fern bist.
Denn der Glaube lebt davon,
daß mein Gebet nicht aussetzt.

Du hast deinen Jünger aufgefordert,
das Schiff zu verlassen und aufs Wasser zu treten.
Ich will es tun. Denn du wirst mir festen Grund
unter die Füße geben.

Jesus Christus, du hast uns den Glauben vorgelebt.
Gib uns Glauben.
Wohin sollen wir gehen außer zu dir,
wenn unser Glaube erloschen ist.
Glaube an unserer Stelle,
damit unser Glaube anfängt zu leben
in der Stunde, die du bestimmst.

Schuld

Christus, Licht der Welt, es ist so unendlich schwer,
gut und böse zu erkennen.
Wir bemühen uns täglich.
Und wir erleiden es jeden Tag,
daß man die Schuldigen nicht unterscheiden kann
von den Unschuldigen.
Wer in Schuld gerät,
braucht nicht böse zu sein,
wer unschuldig ist, nicht gut.

Wer kennt deinen Willen?
Wer hilft uns, zu unterscheiden
zwischen deinem Willen und dem unseren?

Vieles, was unseren Vätern heilig war,
was sie für deinen Willen hielten,
ist für uns nichts weiter
als eine überholte Meinung.
Manches, was unsere Väter bekämpften,
weil sie meinten, es sei böse,
könnte heute unser Auftrag sein.
Christus, was ist dein Wille?

Viele Menschen wollen deinen Willen tun
und dienen doch, ohne es zu wissen,
sich selbst.
Wie sollen wir unsere Schuld erkennen,
wenn wir uns um deinen Willen bemühen
und unsere Tat doch aus Unglauben erwächst?

Wir haben uns diese Verwirrung nicht gewählt.
Du hast uns hineingestellt.
Wir klagen dich nicht an,
sondern beugen uns vor dir
und bitten dich um Klarheit.

Handle du durch uns.
Du allein weißt, was gut ist
in dieser verwirrten Welt
und in unserem ratlosen Herzen.

Christus, du Weisheit Gottes, wir prüfen uns.
Wir bekennen dir unsere Schuld.
Wir bereuen, was wir getan haben,
und du vergibst uns.

Und doch bleibt alles beim alten.
Das, unser Meister, ist es,
was uns den Mut nimmt.
Wir werden nicht besser vor uns selbst
und nicht glaubwürdiger in den Augen der anderen.

Wir reden von Freiheit und bleiben gebundene Menschen.
Wir halten uns fest an unserer eigenen Moral
und erstarren in unseren Grundsätzen.
Wir verkaufen unsere Freiheit
um das Linsengericht der Rechtschaffenheit.

Immerfort denken wir an unsere Sünden
und werden sie gerade dadurch nicht los.
Wir wühlen in unserer Vergangenheit
und bringen, was gewesen ist,
nur noch mehr in Verwirrung.

Christus, wir haben diese Last nicht gesucht.
Du hast sie uns auferlegt.
Damit klagen wir dich nicht an,
sondern beugen uns dir.
Wir glauben nicht mehr an unseren Fortschritt,
sondern an dich und deine Liebe.

Du hast gesagt:
Kommt her zu mir, die ihr mühselig und beladen seid.
Ewige Weisheit, wir sind beladen mit uns selbst.

Du hast gesagt:
Wer zu mir kommt, den werde ich nicht hinausstoßen.
Unser Retter, urteile nicht über uns.
Nimm uns auf.

Verdammnis

Wunderschöne Worte stehen in der Bibel
über die Erwählten.
Aber ich höre sie nur wie aus der Ferne.
Sie gelten nicht für mich.

Ich bin unwürdig. Ausgeschlossen.
Was will Gott mit mir anfangen?
„Gott" – sage ich und weiß kaum, was ich damit sage.
Ich habe ihn nicht. Er ist nicht bei mir.

✦

Man sagt mir: Du mußt Christus zuhören.
Aber auch er spricht aus weiter Ferne.
Ich höre nur meine eigene Stimme sagen:
Es ist keine Hoffnung.
Du bist schuldig.
Du bist böse.
Du bist ohne Liebe.
Du bist verloren.
Du bist verdammt.

✦

Man sagt mir: Du mußt für Gott etwas tun!
Aber was soll ich tun? Ich bin leer.
Ich bin ausgebrannt.
Ich habe keinen Trost. Wie soll ich andere trösten?
Jeden Tag verrate ich Gottes Auftrag.
Wie soll ich ihn erfüllen?

✦

Man sagt mir: Du bist Gottes Kind.
Ich weiß aber, daß ich verlassen bin,
daß ich nur mit mir selbst rede.
Allein mit meiner eigenen Verzweiflung.
Ich frage tausendmal: Warum –
und erwarte keine Antwort.
Die Antworten, die für andere gelten,
gelten nicht für mich.

Ich weiß nicht mehr, wer du bist,
Gott, aber ich will zu dir reden.
Ich will dich hören.
Ich will mich selbst hinter mir lassen
und dich suchen.

Barmherziger Gott, hilf mir.
Rette mich aus meiner Stummheit.
Befreie mich aus meiner Einsamkeit,
wenn ich dein Kind bin,
wenn du mich meinst,
wenn ich etwas gelte bei dir.

Ich weiß nicht, wohin dein Wille
mich führen will.
Aber ich will ihm zustimmen.
Ich will wollen wie du,
so habe ich dich nicht verloren.
Wenn ich will wie du,
ist deine Hand bei mir,
mitten in der Hölle.

Vielleicht willst du,
daß ich in der Angst bleibe,
in der Ferne von dir.
Dann soll es so gut sein.
Dann will ich es auch.
Dann aber bin ich nahe bei dir.
Dann bin ich mitten in der Hölle
nahe deinem Erbarmen.

✦

Wenn unser Herz uns verdammt, so wissen wir
und können unser Herz damit stillen,
daß Gott größer ist als unser Herz
und alle Dinge weiß.

1. Johannes 3, 20

Mit Christus in der Wüste

Und der Geist trieb Jesus in die Wüste, und er wurde vom Teufel bedrängt. Als er vierzig Tage und vierzig Nächte gefastet hatte, hungerte ihn, und der Versucher trat zu ihm und sprach: Bist du Gottes Sohn, so befiel, daß diese Steine Brot werden. Und Jesus antwortete: Es steht geschrieben, der Mensch lebt nicht vom Brot allein, sondern von einem jeden Wort, das durch den Mund Gottes geht.

Matthäus 4, 1–4

◆

Ein Prophet des Alten Testaments, Elia, flüchtete sich, als er an seinem Auftrag verzagte, in die Wüste, setzte sich unter einen Wacholder, wünschte sich den Tod und sprach: „Es ist genug. Nimm, Herr, mein Leben. Ich bin nicht besser als meine Väter." Und dabei stand hinter ihm der Engel Gottes, noch während er so sprach, brachte ihm Brot und Wasser und befahl ihm, weiterzugehen bis zum Berg Gottes.

1. Könige 19

◆

Die beiden Erzählungen beschreiben, was die Väter der frühen Kirche meinten, wenn sie sagten, es komme darauf an, mit Christus in der Wüste zu sein. Denn die Wüste ist entweder ein Ort der Verzweiflung und des Todes und sonst nichts, oder aber ein Ort der Verzweiflung und des Todes, an dem uns Christus begegnet und uns auf das geschriebene Wort verweist.

Glücklich, denen du Kraft gibst,
wenn sie auf dem Weg sind zu dir.
Wenn sie durch das trockene Tal ziehen,
das Tal der Angst in der Wüste,
läßt Gott Quellen rinnen für sie
und Regen fallen, daß es blüht wie ein Garten.
Sie wandern mit wachsender Kraft,
bis sie Gott finden auf dem heiligen Berg.

Psalm 84

Christus, du Quell in der Wüste, du siehst mich.
Du siehst meine trostlose Einöde.
Sprich zu mir, daß ich dich finde,
wenn ich dich in der Verlassenheit suche.
Du hörst mich, wenn ich sage:
Wäre ich Gottes Kind,
so würde aus diesen Steinen Brot.
Hilf mir meine Gedanken entlassen
und mich an deinem Wort festhalten.

Gib mir Geduld zu warten,
bis du bei mir bist.
Zeige mir deinen Willen
und laß meinen Willen gleich sein
dem deinen. Sei du meine Kraft.
Sei du mein Friede. Sei du mein Weg.
Ich danke dir, daß du bei mir bist.

✦

Treuer Christus,
ziehe uns schwache Menschen dir nach.
Wenn du uns nicht ziehst,
können wir dir nicht folgen.

Gib einen tapferen und willigen Geist,
und wenn wir schwach sind,
so gehe deine Gnade voraus,
denn ohne dich können wir nichts tun,
besonders nicht in den grausamen Tod gehen
um deinetwillen.

Gib einen willigen Geist
und ein furchtloses Herz,
rechten Glauben, feste Hoffnung
und vollkommene Liebe,
daß wir geduldig und fröhlich
unser Leben hingeben.

Johannes Hus vor seinem Tod

Warum zwingst du mich,
Herr,
diese Wüste zu durchqueren?
Ich quäle mich
inmitten der Dornen.

Nur eines Zeichens aber
bedarf es von dir,
daß die Wüste sich wandelt,
daß der blonde Sand
und der Horizont
und der große, stille Wind
nichts Fremdes mehr sind
und nichts Zufälliges,
sondern ein weites Reich,
durch das hindurch
ich dich erkenne.

Antoine de St. Exupéry

Der Geist der Freiheit

Der Herr ist der Geist.
Wo aber der Geist des Herrn ist,
da ist Freiheit.
Nun spiegeln wir alle mit freiem Gesicht
die Herrlichkeit des Herrn.
Er verwandelt uns mehr und mehr in sein Ebenbild,
und immer heller geben wir seinen Schein wieder.
Denn der Herr ist der Geist.

2. Korinther 3

◆

Das bedeutet: Durch den ganzen Jammer der Angst und Gottverlassenheit ist Christus gegangen. Wenn wir mit ihm diesen Weg gehen, begleitet uns sein Geist. Wo dieser Geist ist, der Geist des leidenden und sich ängstenden Christus, da ist Freiheit. Und in dem Maß, in dem wir dem leidenden Christus ähnlich sind in unserer Angst, spiegeln wir seine göttliche Kraft und Unabhängigkeit.
Freiheit ist aber nur dort, wo geliebt wird, und Liebe besteht nur, wo Freiheit ist. Wir sind nicht frei von Angst, aber von ihrer Herrschaft. Glaube und Vertrauen wachsen, wo die Angst durchgestanden ist, unter der Erfahrung der Verläßlichkeit Gottes, und sie gedeihen in der Freiheit.
Was Freiheit ist, zeigt uns Christus. Denn er, der frei war, wandte seine Freiheit daran, sich an die Schicksale von Menschen auf dieser Erde zu binden. Er befaßte sich nicht mit Wünschen oder Träumen, sondern mit dieser Erde, den Menschen und ihrem Elend. Wer das kann, ohne durch sein eigenes Glücksverlangen daran gehindert zu sein, ist frei.

◆

Der Jazzmusiker Duke Ellington sagt einmal:

Was ich mir zum siebzigsten Geburtstag wünsche? Ich wünsche mir zu den Freiheiten meines Landes hinzu die Freiheit vom Haß, die Freiheit von Angst, denn nur der kann für andere wirken, der von Angst frei ist, und die Freiheit von der Selbstüberheblichkeit, sich besser zu dünken als seine Brüder.

Christus, Sender des Geistes,
ich möchte manchmal alles,
was sich so wichtig gebärdet, hinter mir lassen.
Meinen Beruf und die unablässige Arbeit,
manchmal sogar meine nächsten Menschen,
und möchte frei sein für mich und für dich.

Aber dann sehe ich deinen Weg:
Zu den Menschen bist du gegangen.
Zu den Mühsamen und Verdrehten,
denen so viel Unwichtiges wichtig ist
und mit denen so schwer zu leben ist.
Ich sehe deinen Weg und möchte ihn gehen,
aber ich möchte dabei frei sein wie du.

Ich will nicht mehr fragen,
was man von mir erwartet,
und nur noch hören, was du von mir willst.
Ich kümmere mich nicht mehr um den Geist dieser Zeit,
dem ich mich fügen soll.
Denn du bist der Geist,
und du willst, daß ich frei bin.

Ich will mich nicht mehr ängsten.
Und wenn die Angst mir zu schaffen macht,
soll sie mich nicht mehr überwältigen.
Denn du bist der Geist der Freiheit,
und du hast dich geängstet wie ich.

Ich brauche mich nicht mehr zwingen zu lassen
von den Gedanken anderer,
denn es ist deine Gnade,
wenn meine Gedanken frei sind,
meine Entschlüsse klar,
meine Liebe ohne Täuschung
und meine Güte von Stimmungen frei.

Geber des Geistes, mach dem halben Leben ein Ende,
der halben Freiheit und der halben Güte.
Gib mir dich selbst, so bin ich frei.

Gelassen werden

„Gib alles hin, denn alles ist dein", sagte die flämische Mystikerin Hadwig. Sie meint, wer lassen könne, freilassen und hingeben, wer nichts behalten wolle, dem liege schließlich alles, was er sonst krampfhaft festhalten müsse, ungefährdet in der Hand. Wer „sich läßt", wer sich nicht mehr behauptet, sich nicht mehr angestrengt aufrichtet, sich nicht mehr müht, etwas darzustellen, der erst wird etwas: ein gelassener Mensch. Wer gelassen ist, lebt so gesichert, daß er sich mit keiner Geste und keinem Wort mehr zu schützen, zu vertreten oder zu verteidigen braucht. Das Evangelium legt das schönste Wort der Gelassenheit einem hörenden, gehorchenden Menschen in den Mund: „Und Maria sprach: Siehe, ich bin des Herrn Magd. Mir geschehe, wie du gesagt hast." Aber Maria konnte den zweiten Satz nur sagen, weil der erste den Schutz ausdrückte, in dem sie lebte.

◆

Wie groß ist doch die Macht des Gebets! Man könnte es einer Königin vergleichen, die immer freien Zutritt zum König hat und alles erlangt, worum sie bittet. Es ist durchaus nicht nötig, ein schönes, für den entsprechenden Fall formuliertes Gebet aus einem Buch zu lesen, um Erhörung zu finden. Träfe das zu, wie wäre ich zu bedauern! Ich könnte sie nicht alle beten, und weil ich nicht weiß, welches ich auswählen soll, mache ich es wie Kinder, die nicht lesen können: Ich sage Gott ganz einfach, was ich ihm sagen will, ohne schöne Worte zu machen, und er versteht mich. Für mich ist das Gebet ein einfacher Blick zum Himmel, ein Ruf der Dankbarkeit und der Liebe, aus der Mitte der Mühsal wie aus der Mitte der Freude. Es ist etwas Großes, was mir die Seele weitet und mich mit Jesus vereint.

Therese von Lisieux

◆

Was ist Gelassenheit? Ich sag ohn Heuchelei,
daß es in deiner Seel der Wille Jesu sei.

Angelus Silesius

Ich lasse mich dir, heiliger Gott, und bitte dich:
Mach ein Ende aller Unrast.

Meinen Willen lasse ich dir.
Ich glaube nicht mehr, daß ich selbst verantworten kann,
was ich tue und was durch mich geschieht.
Führe du mich und zeige mir deinen Willen.

Meine Gedanken lasse ich dir.
Ich glaube nicht mehr, daß ich so klug bin,
mich selbst zu verstehen,
dieses ganze Leben oder die Menschen.
Lehre mich deine Gedanken denken.

Meine Pläne lasse ich dir.
Ich glaube nicht mehr, daß mein Leben seinen Sinn findet
in dem, was ich erreiche von meinen Plänen.
Ich vertraue mich deinem Plan an,
denn du kennst mich.

Meine Sorgen um andere Menschen lasse ich dir.
Ich glaube nicht mehr,
daß ich mit meinen Sorgen irgend etwas bessere.
Das liegt allein bei dir. Wozu soll ich mich sorgen?

Die Angst vor der Übermacht der anderen lasse ich dir.
Du warst wehrlos zwischen den Mächtigen.
Die Mächtigen sind untergegangen. Du lebst.

Meine Furcht vor meinem eigenen Versagen lasse ich dir.
Ich brauche kein erfolgreicher Mensch zu sein,
wenn ich ein gesegneter Mensch sein soll
nach deinem Willen.

Alle ungelösten Fragen, alle Mühe mit mir selbst,
alle verkrampften Hoffnungen lasse ich dir.
Ich gebe es auf, gegen verschlossene Türen zu rennen,
und warte auf dich. Du wirst sie öffnen.

Ich lasse mich dir. Ich gehöre dir, Gott.
Du hast mich in deiner guten Hand. Ich danke dir.

Geduld

Wenn das Neue Testament von Geduld spricht, dann meint es die Fähigkeit und die Bereitschaft, „unter" etwas zu „bleiben", unter einer Sache, einer Last, einem Auftrag. Geduldig sein heißt etwas tragen und es nicht abwerfen. Aber das ist nur das eine.
Das andere meint das Alte Testament, wenn es von Hoffnung, von Erwartung spricht: Dann zeichnet es im Hebräischen Wort „Hoffnung" einen Menschen, der ein Seil irgendwo festmacht und es anspannt. Oder es meint einen Menschen, der selbst ausgespannt ist wie ein Seil. Hoffen und durchhalten, das bedeutet, die Spannung ertragen zwischen hier und dort und sie nicht lockern.
Geduld ist die Kraft, etwas zu vollenden, bei einer Sache zu bleiben, bis sie ausgereift ist. Nicht der Aufschwung, nicht der begeisterte Einfall sind dem Evangelium wichtig, sondern das zähe Vollenden. Und diese Geduld entsteht nicht dadurch, daß jemand sich zusammennimmt, sondern dadurch, daß er sich einem Größeren fügt. Weil etwas Großes da ist, fügt sich das Kleine. Der kleine Wille bleibt unter dem großen. Er bleibt gespannt auf den großen Willen hin. Solange Geduld dies ist, trägt sie. Denn es geht nicht darum, den eigenen Willen zu brechen, sondern mit der vollen Kraft seines Willens etwas zu tragen, das größer ist: die Absicht Gottes.

◆

Vater im Himmel,
ich bitte weder um Gesundheit noch um Krankheit,
weder um Leben noch um Tod,
sondern darum, daß du über meine Gesundheit
und meine Krankheit,
über mein Leben und meinen Tod verfügst
zu deiner Ehre und meinem Heil.
Du allein weißt, was mir dienlich ist.
Du allein bist der Herr,
tue, was du willst.
Gib mir, nimm mir,
aber mache meinen Willen dem deinen gleich.

Blaise Pascal

Bei dir, mein Gott, bleibe ich
mit aller meiner Kraft.
Ich lasse dich nicht los.
Ich halte dich fest
und ertrage die Spannung zwischen dir und mir
bis zum Ende, bis ich dich schaue.

Gott der unendlichen Geduld, ich warte,
bis deine Stunde kommt.
Menschen zu ändern nehme ich mir nicht vor.
Die Welt zu verbessern ist nicht mein Amt.
Ein Heiliger zu werden ist nicht mein Ziel.
Ich warte, bis deine Stunde kommt.

Unergründlicher Gott, ich trage,
was du mir auferlegst.
Ich werfe es nicht ab
und bemitleide mich nicht.
Ich trage es bis zum Ziel,
bis du mir meine Last abnimmst.

Gott aller Weisheit, ich überlasse dir
alle Sorgen um mich.
Alle meine Fragen überlasse ich dir
und verzichte darauf, sie zu stellen.
Warum soll ich alle Rätsel lösen?
Ich lasse alle Geheimnisse,
die mich locken, unergründet.
Ich lasse alle Widersprüche,
die mich quälen, ungeklärt.

Alle Sorge um mich
überlasse ich dir,
denn du sorgst für mich bis zum Ende.
Dann wirst du mir mein Leben zurückgeben,
klar und erfüllt,
und ich sehe den Segen,
den ich getragen habe.

Gottes Reich

Der Starez Sossima bei Dostojewski sagt:

Du wirst manchmal, wenn du nachdenkst, ratlos sein, besonders wenn du die Sünden der Menschen anschaust, und wirst dich fragen: Soll man es mit Gewalt versuchen oder in demütiger Liebe? Entscheide dich aber immer so: Mit demütiger Liebe will ich es versuchen! Bist du dazu ein für allemal entschlossen, dann wirst du die ganze Welt besiegen können. Liebevolle Demut ist eine Gewalt und die stärkste von allen, und es gibt nichts, das ihr an Macht gleich käme.

◆

Neue Dinge erfinden, ich kann es nicht,
etwa Flugzeuge,
die auf silbernen Flügeln dahinsegeln.
Aber heute in der Frühe –
da wurde mir ein Gedanke geschenkt,
ein wunderbarer Gedanke,
und die abgeschabten
Stellen meines Kleides,
die wurden auf einmal schön,
leuchtend von einem Licht,
das vom Himmel fiel,
wie Gold und Silber so hell
und wie Bronze,
Lichter aus himmlischen Fenstern.
Der Gedanke war der,
daß ein geheimer Plan
verborgen ist in meiner Hand,
daß meine Hand groß ist,
groß um des Planes willen.
Daß Gott, wohnend in meiner Hand,
den geheimen Plan kennt,
den Plan von dem,
was er tun will für die Welt
durch meine Hand.

Tojohiko Kagawa

Gott des kommenden Reiches, wir danken dir,
daß du unserem kleinen Leben
diesen großen Sinn gegeben hast:
mit dir zu wirken,
mit dir Gerechtigkeit zu schaffen
und Frieden auszubreiten.
Du willst, daß wir ohne Gewalt,
ohne Anspruch und ohne Befehl,
allein in Glauben und Geduld
deine Liebe zu denen bringen,
die an Liebe nicht glauben.

Nichts haben wir als deine Kraft.
Wir verlassen uns auf sie.
Denn der Wind steht uns entgegen
und macht uns müde und verzagt.
Wir glauben an deine Güte,
aber, immer noch, auch an die Gewalt.
Wir möchten uns treiben lassen
und sehnen uns nach dem Ende unserer Mühe.
Nichts hilft, als daß wir uns verlassen
auf deine Nähe und deine Kraft.

Um ein Zeichen bitten wir dich;
um die Stille, in der du nahe bist,
damit etwas reift auf deinem Feld
und etwas sichtbar wird von deinem Reich.
Gib uns deinen lebendigen Geist,
den starken und mächtigen.
Führe uns, leite unseren Willen
und alle unsere Gedanken,
daß wir dein Reich sehen
in seinen kleinen Anfängen hier
und in seiner großen Vollendung dort,
wo wir dich schauen werden in Ewigkeit.

Herr,
ich habe es satt,
den Hals zu verdrehen
und jedem Trugbild nachzugaffen.
Ich drehe mich nicht mehr um.
Geradeaus sehe ich und schweige.
Ich gönne meinem Nacken Ruhe.

Denn mein Nacken ist müde,
müde vom ewigen Drehen und Wenden.
Mache mich zu einem Menschen,
der geradeaus geht,
daß ich nur auf deinen Weg schaue,
den Weg, den zu zeigst.

Meine Ohren sind müde
vom Lärm der Züge und Autos,
müde vom Nachhall der Worte,
vom Kopfweh kommender Tage,
sehr, sehr müde
und beinahe ertötet
vom klingenden, betäubenden Lärm.

Ich habe es satt, gereizt zu werden,
gereizt von den vielen Dingen draußen
und von der Selbstsucht drinnen.
Herr, reize du mich,
daß deine große Liebe mich treibt
und ich in Ewigkeit fröhlich bin.

John Mbiti, Kenia

Zu Hause sein

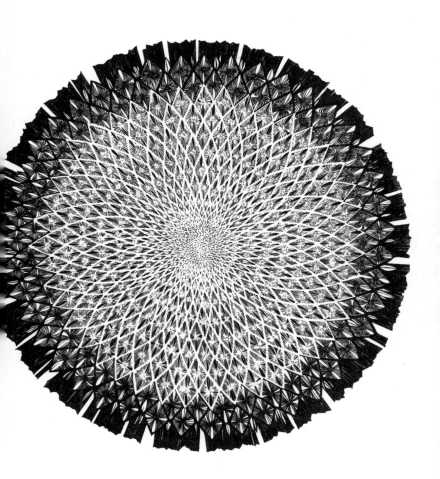

Heimkehr

Auf einer Brücke stehen und dem Wasser nachschauen... Man hat das fließende Wasser oft und oft mit dem „Strom der Zeit" verglichen. Kommt nicht die Zeit so aus der Zukunft her, fließt sie nicht so in die Vergangenheit? Erlebe ich nicht unter der Brücke, von der ich hinabschaue, zwischen Zukunft und Vergangenheit die Gegenwart, jenes merkwürdige Jetzt, das der Augenblick des Erlebens ist? Und dabei regt sich eine tiefe Freude an der Schönheit und Kraft dieser Bewegung und zugleich doch auch der heimliche Wunsch, es möge alles, was sich bewegt, einmal zur Ruhe kommen.
Zum Erlebnis einer Brücke gehört die Erfahrung, daß es über den Strom an der Stelle, an der ich stehe, eben nur diese Brücke gibt, daß das Waser nicht tragen würde und daß mir außer diesem schmalen Übergang kein Weg bleibt. Aber immerhin trägt mich diese Brücke über das Element an ein anderes Ufer.
Jeder weiß, daß er das Ufer, an dem er lebt, eines Tages wird verlassen müssen. Wird ihn der Strom forttreiben in das reglose, starre Nichts, oder wird es eine Brücke für ihn geben, wird er an ein anderes Ufer gelangen? Wird er die neue Art Gegenwart betreten, deren Stille und Beständigkeit wir mit „Ewigkeit" bezeichnen und die uns so ganz und gar unvorstellbar scheint, solange wir Menschen dieser Erde sind?
Der Glaube sieht im Tod eine Heimkehr. „In meines Vaters Hause sind viele Wohnungen", sagt Jesus. „Ich gehe hin, euch die Stätte zu bereiten." Diesen Heimweg hat man sich immer wieder als einen Weg über eine Brücke vorgestellt. Zwischen einem vergehenden Leben und dem Tod setzen wir den Fuß darauf, und indem wie sie betreten, wandelt sie sich in die Grenze zwischen dem Tod und einem kommenden Leben und führt auf festen Grund.
An dieser Grenze haben wir nichts in der Hand als unsere Hoffnung und nichts vor Augen als ein einfaches Bild aus der hiesigen Welt: eine Brücke über einen Strom.

Christus ist die Brücke, die einzige, die von der Erde zum Himmel führt. Und rechts und links ist der Abgrund.

Katharina von Siena

Schöpfer der Zeit, ich will nicht ausweichen.
Ich weiß, daß ich einem Ziel zugehe,
daß der große Markttag auf dieser Erde ein Ende hat
und daß ich zuletzt eine Brücke brauche,
die mich über den großen Strom trägt
an ein anderes Ufer, an dem du mich empfängst.

Nichts, Gott der Ewigkeit, werde ich hinübertragen,
nichts, das ich besitze, nichts, das mir vertraut ist.
Hilf mir das Notwendige tun:
daß ich mich frei mache von allem Ballast,
daß ich mein Herz an nichts hänge,
das ich doch nicht behalten kann,
und nichts sammle, das ich nicht brauche,
damit ich den letzten Schritt
mit freiem Herzen tun kann.

Aber mein Herz hängt auch an Menschen.
Das ist ihm erlaubt. Das ist ihm sogar geboten.
Das ist gut. Das hast du selbst so gefügt.
Ich liebe sie und will sie nicht loslassen,
auch nicht auf dem letzten Schritt.
So übergebe ich sie dir,
wenn ich sie nicht mehr festhalten kann.
Bewahre du sie, wenn es Zeit ist.

Christus, du selbst bist die Brücke.
Ich gehe meinen Weg zaghaft.
Aber ich vertraue dir,
der du mich führen und tragen wirst.
Ich weiß nicht, ob es leicht oder schwer sein wird,
hinüberzugehen.
Aber ich will mich nicht fürchten.
Ich verlasse mich auf dich.

Vom Leben aufstehen

Die Bibel sieht ein Zeichen des Segens Gottes darin, daß ein Mensch alt werden darf, daß er Kinder und Enkel sieht, daß er weise wird und endlich lebenssatt stirbt, daß er also vom Leben aufsteht wie von einer guten Mahlzeit. Nicht so, daß man das Leben „satt hat", sondern so, daß man genossen hat, was Gott auf den Tisch stellte, ob es wenig war oder viel, und nun dankt.

Darin liegt die Zuversicht, es lohne sich auch in der größten Mühsal noch immer, zu leben, eine Zuversicht, die uns heutigen Menschen leicht verlorengeht. Und es liegt zweitens die Weisheit darin, die Stufen des Lebens zu bejahen, auch das Altwerden und das Abschiednehmen. Uns liegt näher, zu wünschen, es möge doch alles so bleiben, wie es ist, oder aber es möge doch alles bald zu Ende sein. Der Fromme des Alten Testaments wußte sich, solange er lebte, als Tischgenosse Gottes. Der Fromme des Neuen Testaments weiß von einem Tisch, an dem wir wieder Platz nehmen werden, wenn der Tisch dieses Lebens abgegessen ist. Und beide leben aus der Dankbarkeit.

◆

Für jeden von uns wird die Zeit kommen,
in der es ihm in die herbstlichen Jahre
sehnlich herüberweht
und mahnend und herb und süß
ans alternde Herz rührt.

Dann wird es gut sein,
wenig versäumt und wenig vergessen zu haben
und des Kinderglaubens gewiß zu sein,
daß eine Mauer um uns gebaut sein wird,
wann immer wir ihrer bedürfen.

Ernst Wiechert

Gott aller Güte, ich denke zurück.
Ich gehe noch einmal den Weg
durch alle meine Jahre.
Nicht an meine Leistung denke ich.
Sie ist gering.
Nicht an das Gute, das ich getan habe.
Es wiegt leicht
gegen die Last des Versäumten.

An das Gute, das du mir getan hast,
denke ich und danke dir.
An die Menschen, mit denen ich gelebt habe,
an alle Freundlichkeit und Liebe,
von der ich mehr empfangen habe,
als ich wissen kann.
An jeden glücklichen Tag
und jede erquickende Nacht.
An die Güte, die mich bewahrt hat
in den Stunden der Angst und der Schuld
und der Verlassenheit.

An das Schwere, das ich getragen habe,
denke ich. An Jammer und Mühsal,
deren Sinn ich nicht sehe.
Dir lege ich es in die Hand und bitte dich:
Wenn ich dir begegne, zeige mir den Sinn.

Ich denke zurück, mein Gott,
in alle die vielen Jahre.
Mein Werk ist vergangen,
meine Träume sind verflogen,
aber du bleibst.
Laß mich nun im Frieden aufstehen
und heimkehren zu dir,
denn ich habe deine Güte gesehen.

Ehre sei dir, dem Vater und dem Sohne
und dem Heiligen Geiste,
wie es war im Anfang, jetzt und immerdar
und von Ewigkeit zu Ewigkeit.

Warten

Der Baum ist ein Gleichnis für uns Menschen. Stehen, sich recken, wachsen, Licht und Luft aufnehmen und sich verwandeln, solange das Wasser aus den Wurzeln aufsteigen will, ist ein Bild für unser menschliches Dasein. Aber für eines eignet sich der Baum nicht. Die alte Birke, die vor meinem Fenster steht, kann mich nicht trösten. Der herbstliche Wind fährt durch ihre Äste, und die gelben und roten Fetzen jagen, wirbeln oder stürzen in schrägem Fall davon und zur Erde. In wenigen Tagen wird nun ein kahler Baumriese noch dastehen, und dann kommt der Schnee.
Wer mich damit trösten will, dieses Vergehen sei nur ein Augenblick in dem großen, weit ausholenden Pendelschlag des Einschlafens und Aufwachens, der verschweigt, daß das Blatt nicht an den Ast zurückkehrt und der Baum eines Tages fallen und nicht wieder aufstehen wird. Der Lauf des Jahres ist kein Bild, das dem Dasein des Menschen Sinn gäbe. Der Tod gehört nicht zum Leben, sondern er zerstört es. Ein Untergang ist nur schön an herbstlichen Blättern, an Menschen ist er schrecklich. Bertolt Brecht schreibt:

Ich gestehe es: ich
habe keine Hoffnung.
Die Blinden reden von einem Ausweg.
Ich sehe.
Wenn die Irrtümer verbraucht sind,
sitzt als letzter Gesellschafter
uns das Nichts gegenüber.

Hängen wir unsere Hoffnungen an unsere Gedanken oder an die Wendungen der Geschichte, oder erwarten wir die Auferstehung von irgendeinem Gesetz des Werdens und Vergehens, so gehören wir in der Tat zu den Blinden. Wir hoffen aber nicht, weil wir ein Lebensgesetz wüßten, das uns rettet, sondern weil Ostern gewesen ist. Wir hoffen, das heißt, wir treten aus dem Kreislauf menschlicher Scheinhoffnungen heraus. Wir weigern uns, von Träumen und kurzfristigen Tröstungen uns einfangen zu lassen. Wir sehen geradeaus. Wir warten auf eine Stunde, die den ewigen Kreislauf zerbricht. Wir warten auf Gott selbst. Wir warten auf Ewigkeit.

Wolle nicht zurückbleiben auf deinem Weg.
Wolle nicht umkehren und nicht vom Weg abgehen.
Wer nicht vorangeht, bleibt zurück.
Wer zu dem zurückläuft,
das er verlassen hat, geht rückwärts.
Besser der Lahme auf dem Weg
als der Läufer auf dem Irrweg.

Augustin

Ewiger Gott, ich will nicht mehr nach rechts
und nicht mehr nach links sehen.
Ich will nicht mehr meine kleine Hoffnung,
nicht mehr mein kleines Leben hier und dort.
Ich will nicht mehr mich, sondern dich allein.
Meine Jahre zerrinnen, du aber bleibst.
Entziehe dich nicht, laß dich finden.

Heraustreten will ich
aus aller Täuschung und aller scheinbaren Hoffnung.
Dir gegenüberstehen will ich.
Dich erwarten. Dich finden.
Dich verstehen. Dich glauben.

Lange genug lebte ich, als lebte ich ewig.
Lange genug hoffte ich,
als wäre Hoffnung in dieser meiner kleinen Welt.
Heraustreten will ich aus dem Kreislauf
der einfältigen Zuversicht.
Ich wende mich dir zu.
Ich warte auf dich.
Wende dich nicht ab, laß dich finden.

Ewiger Gott, du bleibst,
und ich bleibe bei dir.
Weder Tod noch Leben
werden mich von dir trennen.
Nichts erwarte ich mehr. Nichts,
als allein dich.

Was bleibt

Gerechter Gott, du sprichst davon, du werdest richten
am Ende der Zeit, am Ende meines Lebens
und in jeder Stunde schon jetzt.
Ich fürchte mich vor deinem Urteil.

Nicht, weil es ungerecht wäre,
sondern weil ich ihm zustimmen muß.
Was ich tue, trennt mich von dir,
und die Trennung von dir ist das Gericht.

Mein ganzes Leben ist das Gericht.
Ich handle, und du richtest.
Sichtbar handle ich, und du trennst unsichtbar.
Im geheimen handle ich, und du erkennst mich.

Ich sehe, daß ich nichts mitbringe,
wenn du mich rufst.
Was ich bin, ist am Ende Abfall
im großen Abfall dieser Welt.

Du sagst, nichts bleibe am Ende als die Liebe.
Das ist wahr. Das ist die Probe.
An jedem Grab weiß ich es.
Ich bestehe die Probe nicht.

Abfall für die Vernichtung.
Das bin ich. Erbarme dich meiner.
Erbarme dich unser aller.

◆

Nicht einmal meine augenblicklichen Leiden sind mir ein Trost. Wenn das Licht aus dem Jenseits heller zu leuchten beginnt an unserem Horizont, können wir nichts anderes erkennen als nur noch unsere Armseligkeit und unser trostloses Versagen.
O Herr, vielleicht sollen wir ganz nackt vor dich hintreten, auf daß du, nur du allein, uns in ein neues Gewand hüllst.

Marguerite Marie Teilhard de Chardin

Gott der Liebe, ich weiß, daß ich nur lebe,
wenn du mich verwandelst.
Nein: wenn du mich neu schaffst.

Du hast mich gerufen, als ich klein war,
als ich getauft wurde auf deinen Namen.
Rufe mich noch einmal, daß ich lebe.

Rufe mich aus der Armut der Liebe in den Reichtum,
aus der Schwäche des Glaubens in die Wahrheit.
Ich will kommen. Ich bin mit deinem Willen eins.

Du schaffst Licht aus der Finsternis.
Sprich zu meiner Seele: Es werde Licht.
Daß ich bei dir lebe und dich rühme.

Ich werde bleiben, neugeschaffen durch dich.
Ich werfe mich in deine Hand, die mich schafft,
daß ich bei dir bleibe in Ewigkeit.

◆

Hier fängt die enge Pforte an. Das muß ein jeder erwägen und darüber fröhlich werden. Denn sie ist wohl eng, aber nicht lang. Es geht hier zu, wie wenn ein Kind aus der kleinen Wohnung in seiner Mutter Leib mit Gefahr und Ängsten in diesen weiten Himmel und diese weite Erde geboren wird. So geht der Mensch durch die enge Pforte des Todes aus diesem Leben. Und obwohl die Welt, in der wir jetzt leben, groß und weit scheint, ist sie doch gegen den zukünftigen Himmel viel enger und kleiner als der Mutter Leib gegen den Himmel, den wir heute sehen. Darum heißt das Sterben der Christen eine „neue Geburt". Aber der enge Gang des Todes macht, daß uns dieses Leben weit und jenes eng erscheint. Christus sagt: Eine Frau, wenn sie gebiert, hat Angst. Wenn sie aber genesen ist, denkt sie nicht mehr an die Angst, weil der Mensch in die Welt geboren ist. So muß man auch in der Angst des Sterbens erwägen, daß danach ein weiter Raum und große Freude sein wird.

Martin Luther

Du Erstgeborener von den Toten,
du hast Lazarus, deinen Freund,
aus der Höhle des Grabes gerufen:
Kommt heraus!
Und er lebte.

Sprich du zu meiner Seele: Komm heraus!
Ja, Herr, ich will kommen.
Ich verberge mich nicht vor deinem Urteil.
Ich komme mit leeren Händen,
aber ich höre deinen Ruf.

Du, der Lebendige, gibst Leben.
Du, das Licht, siegst über alle Finsternis.
Du, die Wahrheit, endest allen Wahn.
Du, die Liebe, befreist von aller Furcht.

Dein bin ich im Licht deines Tages
und im Dunkel meiner Nacht.
Behüte meinen Ausgang und Eingang
hier und in Ewigkeit.

Zum Teil nach einem Kirchengebet

Geborgenheit

Uralt sind die Zeichen der Gastfreundschaft, das Brot und der Wein. Der Landfremde, der in das Wohngebiet eines Seßhaften kam, empfing schon vor viertausend Jahren Brot und Wein als das Zeichen, daß er sich mit seinen Herden niederlassen durfte. Als Melchisedek, der König von Jerusalem, Abraham in sein Land einließ, trug er ihm Brot und Wein entgegen: das Zeichen der Nahrung und das Zeichen des Fests und des Glücks.

Das Bild von Schale und Becher, von Essen und Trinken, Tisch und Bank wird noch lange auch zu denen sprechen, denen das Abendmahl Jesu mit seinen Jüngern kein Sakrament ist und die nicht wissen, was sie damit anfangen sollen, daß Jesus sagt: „Das Brot ist mein Leib. Der Wein ist mein Blut." Denn was dabei geschieht, ist auch ihnen deutlich: Es entsteht eine Gemeinschaft zusammengehöriger Menschen, die nicht zu sorgen brauchen, weil einer für sie sorgt. Eine Gemeinschaft von Beheimateten, die auch auf den langen, einsamen Straßen ihres Lebens wissen, wo sie zu Hause sind. So schreibt Trakl in seinem Gedicht „Ein Winterabend":

Wenn der Schnee ans Fenster fällt,
Lang die Abendglocke läutet,
Vielen ist der Tisch bereitet,
Und das Haus ist wohlbestellt.

Mancher auf der Wanderschaft
Kommt ans Tor auf dunklen Pfaden.
Golden blüht der Baum der Gnaden
Aus der Erde kühlem Saft.

Wanderer tritt still herein;
Schmerz versteinerte die Schwelle.
Da erglänzt in reiner Helle
Auf dem Tische Brot und Wein.

Christus, unser Gastgeber,
wir danken dir für Brot und Wein,
wir danken dir für den Tisch,
an dem du uns bewirtest.
Wir danken dir, daß dieses Leben
keine Irrfahrt, sondern ein Heimweg ist.
Wir danken dir, daß wir leben dürfen,
ohne uns in Angst zu verzehren.
Du bist der Hausherr,
wir sind deine Brüder.
Wir verlassen uns auf dich.

✦

Herr, du siehst unsere Brüder
Tausende von Meilen weg.
Du hörst, wie sie für uns beten,
du siehst, was sie für uns tun.
O Herr, wir bitten dich für unsere Brüder,
was ihnen wehe tut, tut auch uns weh,
es tut ja dir auch weh.
Rühre unsere Herzen an,
laß uns nicht zuviel für uns bitten.
Solange wir noch Schuhe an den Füßen tragen:
Laß uns für Menschen bitten,
die keine Füße haben.
Wache darüber, daß wir alles mit ihnen teilen,
mit denen, die nichts haben.
Sei du das Brot den Menschen, die nichts haben,
sei du mit denen, die in Ungerechtigkeit ersticken,
sei du mit denen, die alles haben:
dicke Autos, schöne Häuser und viel Geld.
Herr, sie sind auch nicht zufriedener als wir.
Sei mit denen, die Hunger haben, und mit denen,
die halbe Teller voll Essen wegschieben.
Wir sind alle deine Kinder, wir brauchen dich,
wir brauchen deine Liebe,
damit wir uns untereinander lieben können.
Segne uns und unsere Brüder in aller Welt. Amen.

Aus Ghana

Sich nicht sorgen

Macht euch keine Sorgen um euer Leben:
Was essen? Was trinken?
Was anziehen?
Das Leben, das ihr von Gott empfangen habt,
ist mehr als die Nahrung,
der Leib, den er erhält,
ist mehr als die Kleidung.
Seht die Vögel unter dem Himmel an.
Sie säen nicht. Sie ernten nicht.
Sie sammeln keine Vorräte in Scheunen.
Euer Vater im Himmel ist der, der sie ernährt.
Seid ihr nicht kostbarer als sie?
Seht die Lilien auf dem Feld.
Sie mühen sich nicht, sie spinnen nicht.
Ich sage euch:
Nicht einmal Salomo in all seiner Pracht
war gekleidet wie eine von ihnen.
Wenn aber Gott das Gras,
das heute steht und morgen ins Feuer geworfen wird,
so kostbar kleidet,
wird er nicht viel mehr für euch sorgen,
ihr Anfänger im Glauben?

Matthäus 6, 25–30

◆

Meiner lieben Hausfrau Katherin Lutherin, Doktorin, Selbstmärtyrin zu Wittenberg, meiner gnädigen Frau zu Händen und Füßen.
Gnade und Friede im Herrn. Lies Du, liebe Käthe, den Johannes und den kleinen Katechismus. Denn Du willst sorgen für Deinen Gott, gerade als wäre er nicht allmächtig, der da könnte zehn Doktor Martinus schaffen, wo der einige alt ersöffe in der Saale oder im Ofenloch oder auf Wolfs Vogelherd. Laß mich in Frieden mit Deiner Sorge, ich habe einen bessern Sorger, denn Du und alle Engel sind. Der liegt in der Krippe, aber sitzt gleichwohl zur rechten Hand Gottes, des allmächtigen Vaters. Darum sei in Frieden. Amen.

Martin Luther, zehn Tage vor seinem Tod

Ich will nicht sorgen,
wenn der Tod vom Himmel regnet,
wenn der Krieg einbricht in den Frieden
oder das Unglück in das sichere Haus.
Was sollte meine Sorge nützen?

Ich will nicht sorgen,
wenn ich meinem Tag nicht gewachsen bin,
wenn die vielen Aufgaben mich bedrängen,
die vielen kleinen Dinge, die zum Leben nötig sind.
Ich will sie ernst nehmen, aber mich nicht sorgen.

Ich will nicht sorgen,
wenn ich alt und krank und gebrechlich werde
und meine Kraft nachläßt,
auch wenn ich nichts weiß über den kommenden Tag.
Den kennst allein du.

Du sorgst für mich.
Daß ich lebe, macht deine Güte.
Daß ich überstehe, kommt von dir.
Nichts kann ich tun, wenn du mich nicht führst.
Was geschieht, ist dein Werk.

Dir vertraue ich mich an.
In deiner Hand ist mein Schicksal,
in deiner Hand sind Menschen und Völker,
Leben und Tod.
Wem soll ich mich anvertrauen außer dir?

✦

Macht euch keine Sorgen. Wenn ihr zu bitten habt, dann redet zu Gott im Gebet, sagt ihm, was euch fehlt, und dankt ihm.
Und der Friede Gottes, der so viel mehr ist, als unsere Gedanken verstehen, sei ein Schutzwall und eine Wacht um eure Herzen und Sinne, daß nichts und niemand euch von Jesus Christus trennen möge.

Philipper 4

Sich nicht ängsten

Nicht, daß wir die Angst unterdrücken sollen hinter einem fröhlichen Gesicht. Nicht, daß wir der Angst zu widerstehen hätten mit allen Kräften. Nicht, daß wir uns die Angst wegsuggerieren sollten mit ständig angespanntem Willen. Die Angst gehört zu uns. Sie ist kein Feind, sondern ein Gast, den wir aufnehmen in dem Glauben, daß der Hausherr stärker ist als er. Ein Gast, der wieder geht. Den wir entlassen, wenn er wieder gehen will.

◆

Der heiligen sorgfältigen Frauen Katherin Lutherin, zu Wittenberg, meiner gnädigen lieben Hausfrauen.
Gnad und Fried in Christus! Allerheiligste Frau Doktorin! Wir bedanken uns gar freundlich für eure große Sorge, deretwegen ihr nicht schlafen konntet, denn seit ihr euch um uns Sorgen macht, hätte uns fast das Feuer verzehrt in unserer Herberge hart vor unserer Stubentür. Und gestern, ohne Zweifel aus Kraft eurer Sorge, ist uns schier ein Stein auf den Kopf gefallen und hätte uns fast zerquetscht wie in einer Mausefalle. Denn zwei Tage lang rieselte es in unserem heimlichen Gemach über unserem Kopf Kalk und Lehm, bis wir Leute holten, die den Stein mit zwei Fingern anrührten; da fiel er herab so groß wie ein langes Kissen und zwei Hände breit. Der hatte im Sinn, eurer heiligen Sorge zu danken, wenn nicht die lieben heiligen Engel gehütet hätten. Ich sorge, wenn du nicht aufhörst zu sorgen, es könnte uns die Erde verschlingen und alle Elemente verfolgen.

Lehrst du so den Katechismus und den Glauben? Bete du und laß Gott sorgen. Wirf dein Anliegen auf den Herrn, der sorgt für dich. Wir sind, Gott Lob, frisch und gesund, ohne daß uns die Arbeit Unlust macht. Hiermit Gott befohlen. Gerne wollten wir erlöst sein und heimfahren, wenn Gott es wollte. Amen. Amen. Amen. Eurer Heiligen williger Diener. Martinus Luther.

(geschrieben acht Tage vor seinem Tod)

Es muß jeder lernen, sich zu ängstigen, denn sonst geht er zugrunde dadurch, daß ihm nie angst war, oder dadurch, daß er in der Angst versinkt. Wer hingegen gelernt hat, sich recht zu ängstigen, der hat das Höchste gelernt.

Sören Kierkegaard

◆

Christus, du hast gesagt:
Solange ihr in der Welt seid,
habt ihr Angst.
Du willst nicht die Kraftmenschen,
die keine Angst kennen.
Du hast selbst einmal gesagt: Mir ist angst.
Aber dann bist du den Weg gegangen,
vor dem dir angst war.

Du hast dich und alle deine Angst
dem in die Hände gelegt,
der dich führte.

So hilf mir,
mich nicht zu wehren gegen die Angst,
sondern sie willig einzulassen
und mich mit meiner Angst zusammen
dir zu übergeben.
Gib du mir Frieden.

So habe ich Kraft für meinen Weg,
Gelassenheit in aller Unrast,
festen Grund unter den Füßen
und ein Ziel, dein Ziel, vor den Augen.

Du hast gesagt: Das sage ich euch zum Trost,
ich habe die Welt überwunden.
Klein will ich denken von dieser Welt
und groß von dir, dem Auferstandenen.

Von sich absehen

John Henry Newman schreibt:

Gott schaut dich, wer immer du seist, so, wie du bist, persönlich. Er „ruft dich bei deinem Namen". Er sieht dich und versteht dich, wie er dich schuf. Er weiß, was in dir ist, all dein Fühlen und Denken, deine Anlagen und deine Wünsche, deine Stärke und deine Schwäche. Er sieht dich an deinem Tag der Freude und an deinem Tag der Trauer. Er fühlt mit deinen Hoffnungen und Prüfungen. Er nimmt Anteil an deinen Ängsten und Erinnerungen, an allem Aufstieg und Abfall deines Geistes. Er umfängt dich rings und trägt dich in seinen Armen. Er liest in deinen Zügen, ob sie lächeln oder Tränen tragen, ob sie blühen an Gesundheit oder welken in Krankheit. Er schaut zärtlich auf deine Hände und deine Füße. Er horcht auf deine Stimme, das Klopfen deines Herzens, selbst auf deinen Atem. Du liebst dich nicht mehr, als er dich liebt.

◆

Dieses mein Ich stellt sich,
o Gott,
zwischen dich und mich.

Entferne, o Gott,
in deiner Gnade dieses Ich
aus unserer Mitte.

Der Perser Mansur al Halaj, 9. Jahrhundert

Gott aller Gnade, ich will nicht mehr prüfen,
ob ich Fortschritte mache in meinem Glauben.
Ich höre dich. Ich spreche zu dir.
So finde ich dich und finde dich wieder,
wenn ich dich verloren habe.
Ich weiß nicht, ob ich mit all meiner Bemühung
besser oder frömmer geworden bin.
Nur das weiß ich: Diese Frage
ist mir immer unwichtiger geworden.
Von dem, was ich über mich selbst denke,
hänge ich nicht mehr ab. Ich bin frei.
Darum erbitte ich von dir, mein Gott,
nichts als ein einfaches Herz,
das deinen Gedanken offensteht.
Das ist mein Wunsch, daß ich in allen Dingen
mitten unter allen Menschen, mit denen ich lebe,
zu Hause bin bei dir.

✦

Herr, stehe uns bei,
solange der Tag dieses unruhigen Lebens währt,
bis die Schatten lang werden und der Abend kommt
und die geschäftige Welt zur Ruhe gelangt,
das Fieber des Lebens vorüber und unser Werk getan ist.
Dann, Herr, schenke uns in deinem Erbarmen
sicheres Wohnen, heilige Ruhe und endlich den Frieden
durch Jesus Christus, unseren Herrn.

Common Prayer Book

✦

Herr, gib allen, die dich suchen,
daß sie dich finden,
und allen, die dich gefunden haben,
daß sie dich aufs neue suchen,
bis all unser Suchen und Finden
erfüllt ist in deiner Gegenwart.

Hermann Bezzel

Gebt mir den Weg frei, meine Herren, und laßt mich heimkehren zu meiner alten Freiheit; und laßt mich mein früheres Leben suchen gehen, damit es mir zur Auferstehung hilft aus dem gegenwärtigen Tod. Ich wurde nicht geboren, um Herrscher zu sein, noch um Städte und Inseln zu verteidigen gegen Feinde, die sie überfallen wollen. Ich versteh' mich besser aufs Pflügen und Graben, aufs Beschneiden und Okulieren der Reben als aufs Gesetzegeben und die Verteidigung von Provinzen und Königreichen. Am rechten Platz ist St. Peter in Rom; ich meine, am rechten Platz ist jeder, der dem Beruf nachgeht, zu dem er geboren wurde.

Mir liegt besser eine Sichel in der Hand als ein Herrscherstab; lieber will ich mich an einer ordentlichen Suppe sattessen, als einem lästigen Doktor elend ausgeliefert sein, der mich vor Hunger umkommen läßt; lieber streck ich mich im Sommer in den Schatten einer Eiche und hüll mich im Winter in einen gefütterten Schafspelz, als mich mit Regierungssorgen zwischen holländische Bettücher niederzulegen und mich in Zobelpelze zu kleiden.

Behüt euch alle Gott, verehrte Herren, und sagt dem Herzog, meinem Herrn: daß ich nackt geboren wurde und nackt bleiben will; nichts verlier ich und nichts gewinn ich. Ich will damit sagen, daß ich die Herrschaft hier ohne einen Heller antrat und ohne einen wieder gehe, recht anders als Statthalter anderer Inseln sonst fortzugehen pflegen. Als Sancho Pansa wurde ich geboren, und als Sancho gedenke ich zu sterben.

Miguel de Cervantes

Vertrauen

Diese Welt ist dein Haus.
Ich danke dir, daß ich das weiß.
Meine Freiheit wäre zu groß,
zu viel läge in meiner eigenen Hand,
zu weit wäre der Raum, in dem ich lebe,
zu lang wären die Wege zum Glück
und die Wege der Pflicht,
wäre diese Welt nicht dein Haus.

Ich danke dir, daß du ein Haus hast
für uns unstete Menschen.
Ich danke dir, daß ich Grenzen habe,
denn die Grenze, die du gesetzt hast,
ist mein Schutz, du Vater deiner Menschen.

✦

Vater, ich danke dir für jedes Haus,
das auf dieser Erde steht.
Es gibt irgendeinem deiner Kinder Schutz.
Gibt ihm Ruhe und ein wenig Frieden.
Hilf uns, deinen Kindern, Häuser zu bauen
für die Irrenden und Unsteten,
für die Heimatlosen und die Verstoßenen,
Häuser aus Güte und Zuverlässigkeit,
die zeigen, daß du der Vater bist.

✦

Herr und Bruder, Jesus Christus,
du hattest kein Haus auf dieser Erde.
Keine Stadt, die dich beherbergen wollte.
Keine Tür, die du hinter dir schließen konntest.
Aber dein Wort ist unsere Herberge.

Hilf uns, eine Herberge zu sein
mit unserem Wort,
und laß von ihrer Angst aufatmen
alle, die uns hören.

Dein Name werde geheiligt

Gott: Es ist das beladenste aller Menschenworte! Keines ist so besudelt, so zerfetzt worden. Gerade deshalb darf ich nicht darauf verzichten. Die Geschlechter der Menschen haben die Last ihres geängstigten Lebens auf dieses Wort gewälzt und es zu Boden gedrückt: es liegt im Staub und trägt ihrer aller Last.

Martin Buber

Du Herr der Welt,
wir nennen dich den Vater.
Das ist dein Name.
Und doch reden wir über dich
ohne Liebe und Ehrfurcht
tausendmal.

Und es liegt doch in deinem Namen
das Kostbarste,
das unseren Händen anvertraut ist.
Der Sinn unseres Glücks
und aller unserer Mühen.

Bewahre du deinen Namen
vor unserer Gedankenlosigkeit.
Bewahre uns vor unserem Mißtrauen
und unserer Gleichgültigkeit.

Wenn ich von dir spreche,
dann hilf mir,
daß ich einen Menschen dabei tröste,
daß ich ihn stiller mache mit deinem Namen,
daß ich ihm Geduld gebe,
daß ich ihn segne mit deinem Namen
du Vater im Himmel.

Denn dein Name ist das Haus,
in dem wir leben.
Hilf uns, dieses Haus zu bauen
für andere Menschen.

Dein Reich komme

Vater im Himmel,
wir danken dir,
daß deine Herrschaft kommt
und alle Macht beenden wird,
die auf unserer Erde sich breitmacht.
Daß die Gewalt ein Ende hat,
die Entwürdigung der Menschen
und die Unterdrückung der Völker.

Wir danken dir, daß dein Reich kommt.
Hilf uns, auf dieser Erde anzufangen
mit dem Bau deines Reiches:
daß dein Wille gilt
und dein Name heilig ist unter den Menschen.

✦

Du hast uns verheißen,
daß dein Reich kommen werde,
daß am Ende der Zeit alle Mächte
dir dienen und dich preisen werden,
daß du am Ende alles sein wirst
und nur dein Wille gelten wird.
Wir danken dir, Herr, daß wir das aus deinem Munde wissen.

Ich weiß, daß dann auch ich,
der kleine Mensch, vergangen sein werde,
daß ich keine Rolle mehr spielen werde
als allein die, dein Kind zu sein.

Ich bitte dich dennoch: Dein Reich komme.
Richte dein Reich auf.
Ich weiß von keinem Frieden für mich
und für alle Wesen dieser Welt
als in deinem Reich.

Dein Wille geschehe

Heiliger Gott, wo immer du bist, geschieht dein Wille.
Überall in der Welt, die vor unseren Augen liegt,
ist alles voll deines Willens
und voll von Geschehnissen, die du bestimmst.
In deiner unsichtbaren Welt,
die uns verborgen ist,
geschieht er durch das Heer deiner heiligen Diener
und durch alle geheimen Kräfte.
Wir brauchen nicht zu bitten. Er geschieht.
Wo aber wir Menschen sind, geschieht er nur,
wenn wir deinem Willen Raum geben.
Wohin unsere Hände reichen,
wohin unsere Gedanken dringen,
wohin unser Wille strebt,
ist Gefahr, daß dein Wille nicht geschieht.

Hilf mir, deinen Willen anzunehmen.
Forme meinen Willen um nach dem Bilde deines Willens.
Oder mehr noch:
Nimm mir meinen Willen
und gibt mir einen anderen, der deinem Willen ähnlich ist.
Hilf mir, daß ich bitten kann: Dein Wille geschehe,
und mich freuen, wenn er geschieht,
auch gegen meine Wünsche.

Denn wo sollte Erfüllung liegen
und Sinn in meinem Leben,
wenn er nicht in deinem Willen liegt
und durch deinen Willen sich vollendet?

Ich bitte dich: Gib, daß dein Wille geschieht.
Nicht nur im Himmel, sondern auch auf Erden.
Und nicht nur allgemein in der Welt,
sondern auch bei mir und durch mich.

Unser Brot

Wenn wir sagen: Unser tägliches Brot –
meinen wir alles, was wir brauchen, um im Frieden zu leben.
Brot ist Friede.
Frieden im Schutz deiner Macht erbitten wir,
Frieden in deiner sorgsamen Hand.

Essen können, statt zu hungern, ist Frieden.
Trinken können, statt zu dürsten,
warm haben, statt zu frieren, ist Frieden.
Schutz finden in einem Haus,
arbeiten können und seine Kraft einsetzen dürfen,
das alles ist Friede, ist tägliches Brot.
Einen Menschen haben, mit dem man vertraut ist,
sich nicht ängsten müssen vor der Einsamkeit,
vor Streit und Haß und vor der Hölle des Krieges.
Sich nicht ängsten müssen um Kinder, Eltern oder Freunde,
sie nicht hergeben müssen an die Maschine des Mordens:
das alles ist das Brot, das wir täglich brauchen
und für das wir täglich danken.

Du hast uns allen das Brot und das Wort gegeben
seit all den Jahren, in denen wir Frieden genießen.
Mach uns nun zum Brot für die Hungernden in der Welt:
für die, die in der Ferne nach Brot hungern,
und die, die in der Nähe unser Wort brauchen.

Unser aller tägliches Brot, Vater im Himmel,
gib uns durch unser aller Hände
und durch unser aller Wort.

✦

Herr, gestalte, vermehre und laß gedeihen,
daß es reicht für jedermann:
für den Hungernden und den Verwaisten,
für den Begehrenden und den Bittenden
und für den, der es sich nimmt,
für den, der Gott preist,
und auch für den, der undankbar davongeht.

Russisches Gebet bei der Aussaat

Unsere Schuld

Vater, vergib uns unsere Schuld,
wie wir denen vergeben,
die an uns schuldig geworden sind.

Nein, Vaterr, das kann nicht das Maß sein!
Vergib uns unsere Schuld,
auch wenn wir tausendfach
unfähig sind, zu vergeben.

◆

Vater, ich will vergeben.
Hilf mir, das nicht zum Schein zu tun.
Nicht so, daß ich großmütig auf Rache verzichte.
Nicht so, daß ich mattherzig vergesse.
Nicht so, daß ich meine Güte damit beweise.
Sondern so, daß ich zum anderen hingehe,
dorthin, wo er steht, jenseits seiner Schuld.

Ich will mein Recht aufgeben
und neu mit ihm anfangen.
Ich will kein Mißtrauen bewahren,
sondern alles hinter mir lassen, was mich hemmt,
und nur deine Freundlichkeit mitnehmen.
Ich will den ersten Schritt tun,
wehrlos und ohne Vorwurf,
und keine Bitterkeit soll übrig bleiben.

◆

Vater, dein Reich wollen wir abbilden
in unserem kleinen Lebenskreis:
Den Schuldigen von Herzen annehmen.
Mit ihm leben. Ihm vertrauen.
Uns seine Freundschaft gefallen lassen.
Wir wollen dein Haus gemeinsam bewohnen
und bitten dich um deinen Frieden.

Vergib uns, Vater, mehr,
als wir einander vergeben.
Erbarme dich unser.

Versuchung

„Führe uns nicht in Versuchung", so bitten wir dich.
Wir meinen nicht die kleinen Versuchungen,
die unser Herz gefangennehmen
oder uns die Sinne verwirren,
nicht die Leidenschaften, denen wir verfallen,
sondern die eine große Versuchung:

So viel, Vater im Himmel,
geschieht ohne sichtbaren Sinn.
Bewahre uns davor, zu sagen:
Es hat alles keinen Sinn.
Das ist die Versuchung, die wir fürchten.

Es ist so viel Lüge in der Welt.
Bewahre uns davor, zu sagen:
Es gibt keine Wahrheit.

So viel Leid geschieht, so viel Unheil.
Bewahre uns davor, zu sagen:
Es gibt keinen Gott, der es wahrnimmt.

So viel Gewalt tobt sich aus,
so viel Bosheit.
Bewahre uns davor, zu sagen:
Das Böse hat die Macht.
Die Gewalt hat recht.

Führe uns nicht in die Versuchung,
an deiner Nähe zu zweifeln,
an deiner Macht und Herrschaft.
Führe uns nicht in die Versuchung,
die Lüge für mächtiger zu halten als dich,
das Unrecht für stärker als deine Gerechtigkeit.

Führe uns nicht in die Versuchung,
deine Hand loszulassen,
uns in der Welt einzurichten
und uns mit Lüge, Gewalt und Unrecht abzufinden.
Halte du unsere Hand fest.

Erlösung

Und erlöse uns von dem Bösen.
Vater, wir wissen, daß wir gefangen sind,
gebunden wie mit Ketten.
Wir möchten glauben
und leben doch, als glaubten wir nicht.
Wir möchten lieben
und leben doch fast nur für uns selbst.
Wir möchten der Wahrheit dienen
und beugen uns tausendmal der Lüge.
Wir möchten dir dienen
und glauben dir doch nicht,
daß du wirklich der Herr bist.

Vater, mach uns frei.
Befreie uns von jener dunklen Macht,
die wir den Teufel nennen,
den Versucher, den Satan.
Befreie uns vor allem von uns selbst.
Du kannst es.
Wir wissen, daß du es kannst
und daß du es tun wirst.

Denn dein ist das Reich,
in das wir eingehen werden,
um auf ewig deine freien Kinder zu sein.
Dein ist die Macht,
die allen Mächten ihr Ende setzt.
Dein ist die Herrlichkeit,
der Lichtglanz, die Fülle des Lichts,
in der wir dich schauen werden
in Ewigkeit.

Nur betend dringen wir weiter;
wo das Gebet stillsteht,
endet auch das Verständnis.

Reinhold Schneider

◆

Gottes Geheimnisse begreift man nicht,
man betet sie an.

Wilhelm von Humboldt

Rühmen

Anbetung

In den romanischen Kirchen unseres Landes finden wir, wenn wir den ganzen Raum vom Eingang an im Mittelgang durchschreiten, am Ende über dem Altar einen Bogen und hinter dem Bogen ein Gewölbe, das sich halbkreisförmig bis zu den Fenstern herabzieht. In manchen dieser Räume hängt von jenem Triumphbogen das Kreuz herab, als stehe es nicht auf der Erde, sondern senke sich aus dem Himmel in unsere Welt herein. In anderen füllt eine mächtig thronende Christusgestalt hoch über dem Altar die Rundung des Chorgewölbes.

◆

Allmächtiger Gott, du ewiger König!
Du wohnst im Licht,
und die Erde ist der Schemel deiner Füße.
Dich rühmt der Erdkreis, dich preisen die Menschen.
Was sind wir, Herr, vor dir, daß du an uns denkst?
Viel zu gering sind wir,
unwert der Barmherzigkeit und Treue,
die du uns erwiesen hast.
Allmächtiger Gott, ewiger König,
dich rühmen wir.
Nimm unseren armen Dank
und unseren armen Glauben an.

Alles, was ist, Herr und Gott, hast du geschaffen.
Alles, was ist, erzählt von deinen Gedanken,
liebender Gott.
Alles, was ist, rühmt deine Weisheit,
mächtiger Gott.
In allem, was ist, erfüllt sich dein Plan,
auch in mir, heiliger Gott.
In allem, was ist, schaue ich
das Zeichen deines Glanzes.
Du bist der Bogen über mir.
Du bist die Erde unter mir.
Du bist die Höhe und die Tiefe.
Ich bin in dir. Ich preise dich,
herrlicher Gott.

Auf dich hoffe ich, Herr,
wann werde ich dahin kommen, dich zu schauen?
Wie der Hirsch schreit nach frischem Wasser,
so schreit meine Seele, Gott, zu dir.
Du, o Gott, wirst das Licht sein, das wir schauen
im Glanze deines Angesichts.
Aber wir werden nicht allein dich schauen,
sondern auch mit dir leben,
nicht allein mit dir leben, sondern uns mit dir freuen,
nicht allein mit dir freuen,
sondern auch deinen Engeln gleich sein,
nicht aber den Engeln allein, sondern auch dir, Gott, selbst,
den wir rühmen in Ewigkeit.

Johann Gerhard

◆

O meine einzige, wahre Liebe,
du einziger Liebhaber meiner Seeele!
Dich will ich jetzt lieben,
damit ich dich einst lieben kann.
Welch ein Tag! Welch langer Tag ohne Abend,
der Tag der Ewigkeit!
Ganz anders werde ich sein als jetzt,
da ich einen sterblichen Leib fühle,
verwirrt und abgelenkt bin durch tausend Gedanken,
die mir alle deine Herrlichkeit rauben.
O Gott, mein Herr, was wird das für ein Tag sein,
wenn alle meine Schuld von mir genommen ist,
wenn ich vollkommen und rein vor dir stehe
und deine Nähe ertrage, ohne zu erschrecken.
O mein Gott, ich bin nicht würdig, dich zu sehen,
aber ich will dein Reich suchen
und nach deiner Fülle verlangen,
die mir hier versagt ist.
Nur dies soll mein Leben sein:
dich anzubeten, mich selbt dir darzubringen.

John Henry Newman

Lobgesang auf die Weisheit

Auch ich bin ein sterblicher Mensch wie alle anderen,
ein Abkömmling des ersten
von Gott geschaffenen Erdensohnes,
und bin im Leibe meiner Mutter zehn Monde lang
aus Fleisch gebildet worden,
denn kein König hat einen anderen Anfang
seines Lebens.
Den gleichen Eingang ins Leben haben alle
und den gleichen Ausgang.
Deshalb flehte ich und empfing Einsicht.
Ich betete, da kam der Geist der Weisheit zu mir.
Ich schätzte sie höher als Szepter und Thron,
und Reichtum hielt ich für nichts
im Vergleich mit ihr.
Für nichts hielt ich den edelsten Stein gegen sie,
denn alles Gold ist gegen sie wie wertloser Sand
und Silber wie Schmutz.
Ich liebte sie mehr als Wohlbefinden und Schönheit
und erwählte sie zu meinem Licht,
denn nimmer erlischt der Glanz,
der von ihr ausgeht.
Mit ihr kamen aber auch alle anderen Güter zu mir,
und unschätzbarer Reichtum kam aus meiner Hand.
Ich war in allen Dingen fröhlich,
weil die Weisheit es war,
die sie mir geschenkt hatte.
Ich wußte aber nicht,
daß sie alles geschaffen hatte.
Einfältig habe ich es gelernt,
neidlos teile ich es mit,
und ich verberge ihren Reichtum nicht.
Mir aber gebe Gott, nach meiner Einsicht zu reden
und solchen Gaben entsprechend zu denken.
Denn Gott selbst ist der Wegweiser zur Weisheit
und der Leiter der Klugen.

Weisheit Salomos 7, 1–15

Es ist ja ein Geist in ihr,
der verständig und heilig ist,
der aus einem Ursprung kommt
und sich unendlich bis ins Feinste verzweigt,
beweglich und durchdringend und unbefleckt,
klar und unbestechlich, gütig und scharf,
unhemmbar, wohltätig
und wohlgesonnen den Menschen,
beständig, zuverlässig und ohne Sorge,
aller Dinge fähig, aller Einsicht mächtig
und alle Geister ganz durchdringend,
die denkenden, reinen und feinwirkenden.
Denn die Weisheit ist das Allerbehendeste,
sie dringt durch alles hindurch, so lauter ist sie.
Denn sie ist das Hauchen der göttlichen Kraft,
ein reiner Strahl der Herrlichkeit des Allherrschers.
Sie ist ein Glanz des ewigen Lichtes,
ein unbefleckter Spiegel der göttlichen Kraft,
ein Bild seiner Gütigkeit.
Sie ist eines und tut doch alles.
Sie bleibt, was sie ist, und erneut doch alles.
Und immer und immer geht sie
in die heiligen Seelen ein
und macht Menschen zu Gottes Freunden
und Propheten.
Denn Gott macht sich niemanden zu seinem Freunde,
er bleibe denn bei der Weisheit.

Weisheit Salomos 7, 22–28

Das Lob aller Dinge

Die Psalmen fordern nicht nur den Menschen, sondern auch die Steine, die Bäume und die Berge auf, Gott zu loben. Sie sagen: Der Baum ist ein Gedanke Gottes. Er spiegelt seine Absicht. Er ist vollkommen, wenn das schöpferische Können Gottes an ihm sichtbar ist. Wenn er das ist, was er sein soll, nämlich ein Baum, dann „lobt" er Gott und verweist auf seinen Meister. Die Sterne loben Gott, indem sie leuchten. Die Maulwürfe loben Gott, indem sie in der Erde wühlen. Denn das wollte er von ihnen. So hat er sie gemeint.

Der Mensch aber war gemeint als ein Wesen, das auf Gott hört, ihn versteht und ihm antwortet. Er lobt Gott, indem er seine Bestimmung erfüllt, so daß er Gott, der ihn gemacht hat, liebt und ihm vertraut. So verweist er auf seinen Meister. Die vollkommenste Antwort, die der Mensch Gott geben kann, ist der Lobgesang. Indem er Gott rühmt, ist er ganz frei, ist er ganz er selbst geworden.

◆

Groß ist unser Herr und groß seine Macht und seiner Weisheit kein Ende. Lobet ihn, Sonne, Mond und Planeten, in welcher Sprache immer euer Loblied dem Schöpfer erklingen mag. Lobet ihn, ihr himmlischen Harmonien, und auch ihr, die Zeugen und Bestätiger seiner enthüllten Wahrheiten! Und du, meine Seele, singe die Ehre des Herrn dein Leben lang! Von ihm und durch ihn und zu ihm sind alle Dinge, die sichtbaren und unsichtbaren. Ihm allein sei Ehre und Ruhm von Ewigkeit zu Ewigkeit!

Ich danke dir, Schöpfer und Herr, daß du mir diese Freude an deiner Schöpfung, das Entzücken über die Werke deiner Hände geschenkt hast. Ich habe die Herrlichkeit deiner Werke den Menschen kundgetan, so weit mein endlicher Geist deine Unendlichkeit zu fassen vermochte. Wo ich etwas gesagt habe, was deiner unwürdig ist, oder wo ich der eigenen Ehre nachgetrachtet habe, da vergib mir in Gnaden.

Johannes Kepler

O großer Geist, dessen Stimme ich in den Winden vernehme und dessen Atem der ganzen Welt Leben spendet, höre mich. Ich trete vor dich hin als eines deiner vielen Kinder. Ich bin klein und schwach. Ich bedarf deiner Kraft und Weisheit. Laß mich in Schönheit wandeln und meine Augen immer den roten und purpurnen Sonnenuntergang schauen. Laß meine Hände die Dinge verehren, die du gemacht hast, und meine Ohren deine Stimme hören.
Schenke mir Weisheit, daß ich die Dinge, die du mein Volk gelehrt hast, und die Lehre, die du in jedem Blatt und jedem Felsen verborgen hast, erkennen möge.
Nicht um meinen Brüdern überlegen zu sein, suche ich Kraft, sondern um meinen größten Feind bekämpfen zu können – mich selbst.
Mache mich immer bereit, mit reinen Händen und geradem Blick zu dir zu kommen, damit mein Geist, wenn dereinst mein Leben verblaßt wie die untergehende Sonne, ohne Scham zu dir kommen möge.

Gebet der Sioux

✦

O Herr der Welt, höre mich.
Von der Himmelshöhe, von der Meerestiefe,
wo immer du willst, Schöpfer der Welt,
Erschaffer der Menschen, Herr aller Herren.
Zu dir allein mit schwachen Augen komme ich,
voll Sehnsucht, dich zu erkennen.
Du siehst mich. Du kennst mich.
Sonne und Mond, Tag und Nacht, Frühling und Winter,
sie alle eilen getreu deinem Befehl,
von bestimmten Orten an ihre Bestimmung.
Rechtzeitig gelangen sie ans Ziel,
wohin immer du befiehlst.
O höre mich an, mach mich zu deinem Auserwählten,
dulde nicht, daß ich ermatte, daß ich sterbe.

Gebet der Inkas

Sich in Gott freuen

Die Seele nährt sich von dem,
an dem sie sich freut. *Augustin*

◆

Alles, was ist, soll einstimmen
in ein Lied der Freude über Gott.

Stimmt ein, singt mit,
alle, die oben sind in der Höhe!
Singt mit, ihr Engel
und das ganze Heer seiner himmlischen Diener.
Singt mit, Sonne und Mond!
Singt mit, ihr Welten, die Gottes Wohnung sind.
Singt mit, ihr unendlichen Räume im All.

Stimmt ein, singt mit,
alle, die ihr unten auf der Erde seid,
bis hinab zu den Ungeheuern in der Tiefe des Meeres!
Singt mit, Gewitter und Hagel!
Singt mit, Schnee und Nebel!
Sing mit, du Sturmwind,
der seinen Willen ausrichtet!
Singt mit, ihre Berge und Hügel,
ihr Fruchtbäume und ihr Zedern,
ihr wilden Tiere und ihr Tiere im Haus!

Stimmt ein, singt mit,
ihr Könige der Erde und ihr Völker alle!
Ihr Fürsten und ihr Richter, die die Erde ordnen.
Ihr jungen Männer, ihr jungen Frauen,
ihr Greise samt den Kindern!
Sie sollen den Herrn rühmen,
denn er allein hat die Macht,
und sein Glanz wird ein Licht sein
für alle, die ihm zugewandt sind.
Rühmet den Herrn!

Psalm 148

O Herr der Welt,
dir singe ich.
Alles blüht um mich her,
und die Welt ist gesegnet und voll Freude.
Dir singe ich!
Wie glänzt jetzt der Tau,
wie jubeln alle die bunten Vögel,
der Gesang der Zwitschernden tönt überall.
Alle singen dir zu Ehren,
dem Erschaffer des Alls, dir, der Gott ist.

Du allein
bist die Quelle des Gesanges,
denn das Lied wurde im Himmel geboren.
Ach, nur im Himmel läßt seine Stimme strahlen
der liebliche Vogel der Götter,
und die heiligen Vögel jubeln im Wechselgesang
zum Preise des, der die Welt geschaffen.

Mein Herz hört die Stimmen,
und ich will alle dunklen Schleier
der Vergangenheit den Winden geben,
damit auch mein Seufzen aufsteigt
in den unendlich leuchtenden Himmel,
hoch hinauf, und mitklingt,
wo die gelben Kolibris singen
zum Preise des Gottes der Himmel.

Ach, ich will nicht weinen auf Erden.
Verfällt nicht das Haus irdischer Träume?
Ach, ich weiß, was immer die Erde trägt,
muß enden, wie hier unser Leben endet.
Laß mich singen zu dir, du Grund des Alls,
im Himmel möge meine Seele dir singen,
daß du sie freundlich ansiehst,
du, durch den wir leben.

Altmexikanischer Hymnus

Mein Lied gilt Gottes Herrlichkeit

Ich preise dich, Gott,
denn du hast mich weise gemacht durch deine Wahrheit!
Tiefe Geheimnisse hast du mir geöffnet
in deiner wunderbaren Liebe
zu einem sündigen Menschen,
in deinem reichen Erbarmen mit dem,
dessen Herz verwirrt ist.
Wer unter den Himmlischen ist wie du?
Wer gleicht dir, der du die Wahrheit bist?
Wer ist gerecht vor dir, wenn du ihn richtest?

Was ist der Mensch? Erde ist er,
ein losgerissenes Stück Lehm.
Zum Staube kehrt er zurück.
Aber du gibst ihm Einsicht unter deinen Wundern
und gibst ihm Kunde von deinem wahren Willen.
Staub bin ich und Asche.
Was kann ich denken, wenn du es nicht gibst,
was kann ich planen ohne deinen Willen?
Wozu kann ich mich entschließen,
wenn du mir nicht die Kraft gibst?
Wie kann ich etwas verstehen,
wenn du es mir nicht bestimmt hast?
Wie kann ich reden,
wenn du nicht meinen Mund öffnest?
Wie soll ich erwidern,
wenn du mich nicht belehrst?
Wahr ist's: Du bist der Fürst der Götter,
der König der Wesen in der Höhe,
der Herr aller Geister und Herrscher aller Geschöpfe.
Nichts geschieht ohne dich.
Nichts wird erkannt ohne deinen Willen.
Niemand ist neben dir.
Nichts ist das Licht gegen deinen Glanz.
Wer unter den wunderbaren Wesen,
die du geschaffen hast,
kann bestehen vor deinem Licht?
Gepriesen seist du, du Gott des Erbarmens!

Aus den Lobgesängen der Gemeinde von Qumran

Was ich mit meinem Geist begriff, will ich singen.
All mein Lied gilt Gottes Herrlichkeit.
Die Saiten meiner Harfe stimmen
zu seiner heiligen Ordnung,
und die Flöte meiner Lippen lege ich
an seine heiligen Gesetze.
Wenn der Tag kommt und die Nacht,
will ich bei Gott stehen,
in seinen heiligen Bund will ich treten.
Wenn der Abend anbricht und der Morgen,
will ich seine Gesetze aussprechen.
Zu Gott will ich sagen: Du bist meine Gerechtigkeit!
Zum Höchsten will ich sagen:
Du bist der Grund alles dessen, was an mir gut ist.
Du bist der Quell der Erkenntnis,
der Brunnen der Heiligkeit.
Du bist der Gipfel des Glanzes,
Allgewalt ewiger Herrlichkeit.
Wenn ich beginne, Hand und Fuß zu regen,
will ich ihn preisen.

Wenn ich hinausgehe oder heimkomme,
wenn ich mich setze, wenn ich aufstehe
oder auf meinem Lager liege,
will ich ihm singen, ihn preisen.
Mit dem Opfer, das meine Lippen bringen,
will ich ihm danken.
Ehe ich meine Hand hebe, mich zu sättigen
mit den Köstlichkeiten der Erde,
wenn Schrecken hereinbricht
und die Furcht mich ergreift,
wenn ich im Elend bin ohne Trost,
will ich ihn preisen und seine Wunder bekennen,
will nachsinnen über seine Macht
und auf seine Liebe mich stützen den ganzen Tag.
Wenn die Not beginnt, will ich ihm ein Loblied singen,
und bin ich in Bedrängnis, singe ich seinen Preis.

Aus den Lobgesängen der Gemeinde von Qumran

Der Garten

Unsere Sprache hat kein Wort, mit dem wir das wiedergeben könnten, was Jesus mit dem „Reich Gottes" gemeint hat. Wo das „Reich Gottes" ist, da hat Gott allein die Macht, da hat der Mensch Schutz und Frieden, da genießt er Leben und Glück, da ist kein Gegensatz zwischen dem Willen Gottes und dem des Menschen, da ist kein Leid mehr und kein Tod, keine Gewalttat und keine Angst, kein Rätsel und keine Gefahr. Und wenn wir uns hier auf dieser Erde um das Reich Gottes bemühen sollen, dann meint Jesus, dies müsse in dieser Welt in dem Frieden und der Gerechtigkeit erscheinen, die wir unter den Menschen schaffen, in dem Schutz, der dem Schwachen gewährt wird, in der Liebe, mit der wir einander begegnen.

Die Offenbarung des Johannes spricht von der „himmlischen Stadt". Für den immer gefährdeten Nomaden der alten Welt war die Stadt eine Zuflucht, ein Ort, an dem der Heimatlose zur Ruhe kam und der Bedrohte geschützt war, ein Ort des Glücks und des Friedens.

In der Urgeschichte ist die Rede von einem Garten. Der Garten war für jene Zeit nicht ein Schlaraffenland, sondern ein fruchtbares Stück Erde, auf dem zu leben und zu arbeiten Sinn hatte und die Mühe lohnte. Bis heute ist der Garten ein mystisches Bild für eine in Gott vollendete Welt und das Leben eines in Gott geborgenen Menschen. Aus der Kunst der mittelalterlichen Mystik ist uns das sogenannte Paradiesgärtlein überliefert, ein Bild, auf dem ein Kind in einem Garten sitzt und auf einem kleinen Saiteninstrument spielt. Damit ist gemeint: Der Streit und die Angst und die Dissonanzen dieses Daseins sind nicht das Ganze und nicht das Letzte. In einer verwandelten Welt werden sich Gott und der Mensch neu begegnen, und es wird alles gut sein.

Wenn es etwas Heilendes gibt, dann ist es der dankbare Lobgesang, der hier auf dieser Erde beginnt, wo immer einem Menschen ein Klang von himmlischer Musik gelungen ist, ein Ton der Liebe, der Geduld, der Hoffnung oder der Güte.

Dein, Gott der Gnade, ist das Reich.
Du bist meine Zuflucht,
mein Schutz in aller Gefahr,
mein Friede in allem Streit,
die Mauer, die mich deckt,
die Burg, die mich birgt,
das Tor, das mich schützt.
Dein ist das Reich.
Wer sollte mir drohen?

Dein, Gott im Lichtglanz, ist das Reich.
Nahe bist du,
wenn ich mich mühe und nicht weiß, wofür.
Frucht wächst aus meiner Mühe
durch dich, auch wenn ich sie nicht sehe.
Dein ist die Stunde des Spiels,
dein ist der Zauber der Schönheit.
Dein ist das Reich.
Was soll mich kränken?

Dein, Gott des Friedens, ist das Reich.
Ein Bild zeigst du meiner Seele
von deiner kommenden Herrschaft.
Du wirst mir den Sinn zeigen,
den ich mit Bangen gesucht habe,
den Sinn des Streits und der Tränen.
Das Bild deines Friedens zeigst du,
und ich danke dir.
Denn dein ist das Reich.

Du bist das Ziel meiner Wege, Gott der Weisheit,
dein Reich suche ich.
Gib mir ein Zeichen auf dieser Erde schon.
Mach mich zu einer Zuflucht,
daß ich den Frieden schütze und die Güte,
das Spiel und die Schönheit,
und daß ich dem Mißton des Hasses
das Lied meines Danks entgegensinge.
Ich danke dir, daß das Reich dein ist.

Dreieinigkeit

Wir können von Gott nicht anders reden als mit menschlichen Worten. Wir brauchen Vergleiche, die unser Verstand erfaßt. Wir sehen Bilder, Spiegelungen eines Geheimnisses in den Farben dieser Erde. Es mag undeutlich sein, was wir von Gott wissen, es mag ein Bild dem anderen widersprechen, wir haben dennoch keinen anderen Zugang. Wir mögen die alte Lehre von der Dreieinigkeit ungenau finden oder allzu genau, wir werden doch immer wieder zu ihr zurückkehren, jedenfalls solange wir an Jesus Christus ablesen, wer Gott ist. Wir werden versuchen, das Geheimnis Gottes zu umkreisen, und werden uns mit diesem seltsamen Versuch zufriedengeben. Denn der Glaube an den dreieinigen Gott will Gott nicht beschreiben, wie ein Schulbuch ein exotisches Tier beschreibt, sondern ihn anreden. Das hymnische Gebet lobt ihn, weil Gott nicht anders zu finden ist. Nur im Gebet hat der Glaube an den dreieinigen Gott seinen vollen Sinn. Wer Gott dagegen beschreiben will, rührt an ein Geheimnis und behält doch nur das „eins und drei und drei und eins" einer absurden Rechnung.

✦

Wir erkennen dich, Schöpfer.
Wir ehren dein Geheimnis
und danken dir, daß du da bist,
Ursprung und Quelle aller Dinge und Wesen,
der sichtbaren und der unsichtbaren,
aller Kräfte und Gewalten,
der meßbaren und der verborgenen.
Im Abglanz unserer Lichter
und im Spiegel unserer Bilder
schauen wir dein Licht.
Wir glauben, unser Gott,
und lassen uns dir.

Wir lieben dich, Christus, unser Bruder,
deine Fremdheit und deine Nähe,
und danken dir, daß du da bist.

Du warst reich und wurdest arm,
um uns reich zu machen. Dir glauben wir.
In dir schauen wir die Güte des Vaters.
Du bist der Weg, der uns zum Vater führt.
Du bist die Wahrheit, die wir verstehen.
Du bist das Leben.
Wir glauben und folgen dir nach.

Wir freuen uns in dir, Geist aus Gott,
lebendiges Feuer, Glut in unseren Herzen,
und danken dir, daß du kommst.
Du Geist der Freiheit, der uns aus aller Knechtschaft löst,
du Geist der Zuversicht, die uns erfüllt,
die Geist des Friedens, Überwinder des Hasses,
du Geist der Liebe, der die Verzweiflung endet.
Komm, entzünde uns, erfülle uns,
heile uns, stärke uns, verzehre uns.
Du, der Ratlosen Rat,
der Kranken Trost, der Sterbenden Licht.
Wir sind glücklich durch dich, heiliger Geist,
und preisen dich.

Dreieiniger, heiliger Gott,
du wohnst in einem Licht, das niemand schaut.
Wir beten dich an.
Mit Worten und Taten preisen wir dich,
deine verborgene Tiefe, deine Größe und Hoheit,
deine Güte und Barmherzigkeit.
Nichts sind wir ohne dich.
Alles sind wir, wenn wir in dir sind.
Dir, dem heiligen Gott, gehören Glaube und Dank,
Leib und Seele.
Laß dir unser armes Gebet gefallen,
bis wir dich schauen von Angesicht zu Angesicht.

Ewige Gegenwart

Ewiger Gott,
du großer Vater und Schöpfer der Menschen,
um deiner Größe und deiner Barmherzigkeit willen
liebe ich dich.
Wenn mir angst wird, weil ich so klein bin –
du bist groß.
Wenn ich wehrlos bin und mich fürchte –
du bist mächtig.
Wenn ich Gefahr und Tod vor mir sehe –
du bist das Leben.
Alles, was du bist, willst du mir geben,
soviel mein Herz faßt.
So bin ich nicht gering,
sondern dein Geschöpf und dein Kind.
Ich lebe ohne Angst, denn ich habe Kraft von dir.
Ewig bin ich, weil du mir Ewigkeit gibst.
So groß bist du,
daß du mir teil gibst an dir.

Gnädiger Gott, vor deiner Liebe beuge ich mich.
Nicht weil du so mächtig bist,
daß du mich zerschmettern könntest,
nicht weil du so herrlich bist,
daß ich vor dir vergehe,
nicht weil dein Licht so hell ist,
daß es meine Augen blendet,
sondern weil deine Liebe so groß ist,
daß sie mich schön und frei macht.

Würdig bist du, Gott, deiner Ehre und Macht.
Du bist Licht – so werde ich das Licht schauen.
Du bist Macht – so werde ich Kraft haben für mein Werk.
Du bist Treue – so werde ich nicht vergehen, sondern bleiben.
Du bist Liebe – so kann ich Liebe verschenken.
Du bist mir um Ewigkeiten voraus,
so werde ich nicht irren, sondern meinen Weg finden.
Ich liebe dich, mein Gott,
vor deiner Liebe beuge ich mich,
liebender Gott.

Ich erhebe mich heute durch eine gewaltige Kraft,
die Anrufung der Dreieinigkeit,
und bekenne den Schöpfer der Schöpfung.

Ich erhebe mich heute durch die Kraft Gottes,
die mich lenkt,
Gottes Macht halte mich aufrecht,
Gottes Auge schaue für mich,
Gottes Ohr höre für mich,
Gottes Wort spreche für mich,
Gottes Weg will ich gehen,
sein Schild schütze mich.

Christus sei mir zur Rechten,
Christus mir zur Linken.
Er die Kraft.
Er der Friede.

Christus sei, wo ich liege.
Christus sei, wo ich sitze.
Christus sei, wo ich stehe.
Christus in der Tiefe,
Christus in der Höhe,
Christus in der Weite.

Christus sei im Herzen eines jeden,
der meiner gedenkt.
Christus sei im Munde eines jeden,
der von mir spricht.
Christus sei in jedem Auge,
das mich sieht,
Christus in jedem Ohr,
das mich hört.
Er mein Herr.
Er mein Erlöser.

Ich erhebe mich heute durch eine gewaltige Kraft,
durch die Anrufung des dreieinigen Gottes.

Patrick, Bischof von Irland, 6. Jahrhundert

Unser Gott,
    der Mächtige,
    Ursprung und Vollender
    aller Dinge,

segne dich,
    gebe dir Gedeihen und Wachstum,
    Gelingen deinen Hoffnungen,
    Frucht deiner Mühe,

und behüte dich
    vor allem Argen,
    sei dir Schutz in Gefahr
    und Zuflucht in Angst.

Unser Gott lasse leuchten sein Angesicht über dir,
    wie die Sonne über der Erde
    Wärme gibt dem Erstarrten
    und Freude gibt dem Lebendigen,

und sei dir gnädig,
> wenn du verschlossen bist in Schuld,
> er löse dich von allem Bösen
> und mache dich frei.

Unser Gott erhebe sein Angesicht auf dich,
> er sehe dein Leid
> und höre deine Stimme,
> er heile und tröste dich

und gebe dir Frieden,
> das Wohl des Leibes
> und das Wohl der Seele,
> Liebe und Glück.

Amen.
> So will es Gott,
> der von Ewigkeit zu Ewigkeit bleibt.
> So steht es fest nach seinem Willen
> für dich.

Namenregister

Ambrosius 153
Angelius Silesius 190
Augustin 50, 89, 135, 203, 234
Baalschem 22
Benedetti, Mario 98, 100 f.
Bengel, Johann Albrecht 141
Bernanos, Georges 134
Bezzel, Hermann 215
Bonhoeffer, Dietrich 140, 166
Boros, Ladislaus 41
Brecht, Bertolt 202
Buber, Martin 219
Calvin, Johannes 170
Camus, Albert 65
Cardenal, Ernesto 99
Cervantes, Miguel de 216
Claudius, Matthias 168
Clemens XI. 170
Crasset, Johannes 174
Dostojewski, Fjodor 194
Ellington, Duke 188
Fénelon 136, 172
Foucauld, Charles de 171
Frettlöh, Dieter 65
Gerhard, Johann 229
Gide, André 70
Gollwitzer, Helmut 95
Gotthelf, Jeremias 130
Huch, Ricarda 28
Humboldt, Wilhelm von 226
Hus, Johannes 185
Jung-Stilling, Heinrich 170
Kagawa, Tojohiko 194
Katharina von Siena 198
Kepler, Johannes 232
Kierkegaard, Sören 20, 176, 213
King, Martin Luther 59
Köhler, Ludwig 73

Krauss, Heinrich 98
Luther, Martin 49, 55, 75, 168, 205, 210, 212
Mansur al Halaj 214
Meyer, Conrad Ferdinand 123
Mbiti, John 196
Mechthild von Hackeborn 155
Morgenstern, Christian 78
Morus, Thomas 35, 170
Newman, John Henry 171, 214, 229
Pascal, Blaise 192
Patrick, Bischof von Irland 243
Péronneau, Roger 138
Picard, Max 16
Probst, Christoph 142
Renvall, Viola 115
Rosenstock-Huessy, Eugen 150
Sachs, Nelly 42
Saint-Exupéry, Antoine de 18, 53, 186
Schneider, Reinhold 146, 226
Schütz, Paul 64, 66
Schwenckfeld, Caspar 168
Söderblom, Nathan 69
Stoll, Albert Arnold 120
Suso, Heinrich 174
Tauler, Johannes 78
Teilhard de Chardin, Maguerite Marie 204
Tersteegen, Gerhard 87, 150
Therese von Lisieux 190
Thomas von Kempen 153
Trakl, Georg 209
Ward, Barbara 93
Weil, Simone 60, 79
Wiechert, Ernst 200

Nachweis der Quellen

Alle Textpassagen, die keine Herkunftsbezeichnung tragen, stammen vom Verfasser. Den Verlagen, die freundlicherweise die Abdrucksgenehmigung für die unten genannten Texte erteilten, sei dafür gedankt.

Seite 18	Antoine de Saint-Exupéry „Brief an einen General". Romane und Dokumente, Karl Rauch Verlag Düsseldorf 1959.
Seite 28	Ricarda Huch „Luthers Glaube". Insel-Verlag Wiesbaden 1951.
Seite 34	Alte Fabel. Mitgeteilt von Gerd Heinz-Mohr in U. v. Mangold „Jeder Tag ein guter Tag". Otto Wilhelm Barth Verlag Weilheim/Obb. 1961.
Seite 41	Ladislaus Boros „In der Versuchung". Walter Verlag Freiburg und Olten 1967.
Seite 42	Nelly Sachs „Fahrt ins Staublose – Die Gedichte der Nelly Sachs". Suhrkamp Verlag Frankfurt/M. 1966.
Seite 65	Dorothee Sölle/Fulbert Steffensky (Hrsg.) „Politisches Nachtgebet in Köln". Kreuz-Verlag Stuttgart-Berlin und Matthias Grünewald Verlag Mainz 1969.
Seite 66	Paul Schütz „Warum ich noch ein Christ bin". Furche-Verlag Hamburg 1969³.
Seite 70	André Gide „Tagebuch 1889–1939" Band I. Deutsche Verlags-Anstalt Stuttgart 1950.
Seite 73	Ludwig Köhler „Wahres Leben". Luther-Verlag Witten 1954.
Seite 93	Barbara Ward „Reiche und arme Nationen". In: „Kirche zwischen Gott und Welt", Beiheft 9/10 zur „Ökumenischen Rundschau".
Seite 95	Helmut Gollwitzer „Die reichen Christen und der arme Lazarus". Christian Kaiser Verlag München 1969.
Seite 98	Mario Benedetti „Der du bist im Exil". Peter Hammer Verlag Wuppertal 1969.
Seite 98	Heinrich Krauss SJ „Über den Fortschritt der Völker". Herder-Bücherei Nr. 286 Freiburg 1967.
Seite 99	Ernesto Cardenal „Zerschneide den Stacheldraht – Lateinamerikanische Psalmen". Jugenddienst-Verlag Wuppertal 1967.
Seite 100 f.	Mario Benedetti „Der du bist im Exil". Peter Hammer Verlag Wuppertal.
Seite 114	F. Pawelzik (Hrsg.) „Ich singe dein Lob durch den Tag". Aussaat-Verlag Wuppertal 1964.
Seite 115	Viola Renvall. Mitgeteilt in der Zeitschrift „Der weite Raum" Oktober 1969.
Seite 120	Albert Arnold Stoll „Hoffnung für morgen".
Seite 138	Roger Péronneau in „Du hast mich heimgesucht bei Nacht" – Abschiedsbriefe und Aufzeichnungen des Widerstandes 1933–1945. Hrsg. von H. Gollwitzer, K. Kuhn und R. Schneider im Christian Kaiser Verlag München 1962³.
Seite 150	Eugen Rosenstock-Huessy „Die Sprache des Menschengeschlechts – Eine leibhaftige Grammatik in vier Teilen" Zweiter Band. Verlag Lambert Schneider Heidelberg 1964.
Seite 157	Chassidische Legende. Aus: Wladimir Lindenberg „Die Menschheit betet". E. Reinhardt Verlag München/Basel 1966⁵.
Seite 166	Rabbi Michael. Aus: Wladimir Lindenberg „Die Menschheit betet", E. Reinhardt Verlag München/Basel 1966⁵.
Seite 186	Antoine de Saint-Exupéry: Gebete der Einsamkeit. Karl Rauch Verlag Düsseldorf 1959.
Seite 196	John Mbiti. Aus dem von Gottfried Hänisch und Siegfried Heinzelmann herausgegebenen Buch „Jeder Tag ist Gottes Tag", erschienen in der Ev. Verlagsanstalt Berlin und im Sonnenweg-Verlag Neuffen.
Seite 202	Bertolt Brecht „Gesammelte Werke". Suhrkamp Verlag Frankfurt/M. 1967.
Seite 208	Georg Trakl „Ein Winterabend" in „Die Dichtungen", Otto Müller Verlag Salzburg o. J.
Seite 209	Aus: F. Pawelzik (Hrsg.) „Ich liege auf meiner Matte und bete", Aussaat-Verlag Wuppertal 1967.
Seite 222	Russisches Gebet. Aus: Wladimir Lindenberg „Die Menschheit betet", E. Reinhardt Verlag München/Basel 1966⁵.
Seite 226	Reinhold Schneider „Das Vaterunser". Herder-Verlag Freiburg 1959².

Geschichten gegen die Angst.

„Die ‚Geschichten gegen die Angst' sind die großen Überlieferungskomplexe des Alten Testaments wie ‚Befreiung am Meer', ‚Wüstenwanderung', ‚Offenbarung am Gottesberg', ‚Landnahme'. Zink versucht, sie nachzuerzählen, zu deuten, wieder aktuell zu machen. Daß der Blick zum Neuen Testament nie fehlt, ist ebenso selbstverständlich wie der ständige Kontakt mit den Fragen unserer Zeit." Die Gemeinde

>Jörg Zink
>**Licht über den Wassern**
>Geschichten gegen die Angst
>*224 Seiten, mit 111 Schwarzweißfotos und 37 Farbfotos, gebunden*

Einübung in den christlichen Glauben.

„Der Leser wird betroffen und überwältigt sein von der Kühnheit, mit der Jörg Zink die Offenbarung des Menschen durch das Evangelium enthüllt. Wer dieses Buch liest, erfährt endlich, was Theologie zu leisten vermag: Sie räumt Hindernisse aus dem Weg, statt neue aufzubauen, sie führt Menschen zu sich selbst, statt von sich weg..." Sender Freies Berlin

>Jörg Zink
>**Erfahrung mit Gott**
>Einübung in den christlichen Glauben
>*476 Seiten, gebunden und kartoniert erhältlich*

KREUZ: Bücher zum Leben.

Der Gesang der Schöpfung.

Die vier Elemente, Erde, Feuer, Luft und Wasser, sind ein uraltes Bild für die Ordnung, die Ganzheit und Harmonie der Welt. In den Aussagen der Bibel über Gott und Geist und ebenso in den Gleichnissen Jesu finden sie sich wieder. Jedem der vier Elemente widmet Jörg Zink ein Kapitel, in welchem er von der Erfahrung ausgeht und bei der Verklärung des Elementaren im schöpferischen Geist, im auferstandenen Christus endet.

> Jörg Zink
> **Erde, Feuer, Luft und Wasser**
> Der Gesang der Schöpfung und das Lied des Menschen
> *216 Seiten, 24 Farbtafeln, gebunden*

Über die geistige Kraft der Liebe.

Ausgehend vom hohen Lied auf die Liebe aus dem 1. Korintherbrief beschreibt Jörg Zink die Gestalten der Liebe: die Liebe zwischen Mann und Frau vom Morgen bis zum Abend des Lebens, die Liebe Jesu zu den Erniedrigten und Gekränkten als heilende Kraft, die Nächsten- und die Feindesliebe, die Selbstannahme des Menschen, seine Liebe zur Welt und zu Gott. Ein Buch über die geistige Kraft der Liebe, aus der die Menschheit ihre Zukunft gewinnen kann.

> Jörg Zink
> **Was bleibt, stiften die Liebenden**
> *317 Seiten, gebunden*

KREUZ: Bücher zum Leben.

Psalmen und Gebete der Bibel.

Meisterhaft versteht es Jörg Zink in seinen Übertragungen und zum Teil freien Nachdichtungen, die vertraute Sprache der Bibel und heutiges Sprachempfinden aufeinander abzustimmen. Ruhm und Klage, Trost, Bitte, Hoffnung und Segen finden in diesen Texten Ausdruck. Die Auswahl ist nach Gebetsanlässen geordnet.

> Jörg Zink
> **Psalmen und Gebete der Bibel**
> *144 Seiten, gebunden*

Eine Reise durch die Ursprungsländer der Bibel.

Ein Fotoband zur Bibel, der nicht allein Jerusalem und Galiläa, sondern den gesamten altorientalischen Raum lebendig werden läßt. Archäologie und Religionsgeschichte der alten Welt und die Überlieferung von Abraham bis Jesus werden auf unnachahmliche Weise anschaulich gemacht. Der Autor vermittelt in diesem Band Eindrücke und Erkenntnisse von mehr als zehn Orientreisen. Eine Kultur- und Geistesgeschichte, die durch Jahrtausende führt.

> Jörg Zink
> **Tief ist der Brunnen der Vergangenheit**
> Eine Reise durch die Ursprungsländer der Bibel
> *380 Seiten mit ca. 600 Fotos und mehreren Landkarten, gebunden*

KREUZ: Bücher zum Leben.

Das Wichtigste aus der Bibel.

„Der Autor hat viele Passagen des Alten und Neuen Testaments ausgewählt, in eine moderne Form gekleidet und neu übersetzt. Zinks Buch kann den Anspruch erheben, eine neue Bibel in zeitgemäßer Aussage zu sein – leichtverständlich, klar und übersichtlich, für jeden Tag des Jahres." Der junge Europäer

Womit wir leben können
Das Wichtigste aus der Bibel in der Sprache unserer Zeit. Für jeden Tag des Jahres ausgewählt und neu übersetzt von Jörg Zink.
382 Seiten mit Bibelstellenregister, gebunden

Bilder und Gedanken zu den Grenzen unseres Lebens.

„Nun gibt es Zeiten in unserem Leben, in denen es wichtiger ist, geduldig zu sein als tüchtig, besser, Schmerzen gewachsen zu sein, als zu arbeiten, nötiger, sich in andere zu fügen, als zu befehlen, die Einsamkeit einer Nacht auszuhalten, als am Tage mitzureden. Und eben diese Zeiten, die uns so fremd geworden sind, sind es, in denen sich zeigt, wer wir in Wahrheit sind."
Jörg Zink

Jörg Zink
Die Mitte der Nacht ist der Anfang des Tages
Bilder und Gedanken zu den Grenzen unseres Lebens
110 Seiten, mit Farbabbildungen, gebunden

KREUZ: Bücher zum Leben.